ジュエリープランツの おしゃれ寄せ植え

多肉植物の身近な楽しみ方

井上まゆ美

Fashionable group planting of Jewelry Plants

講談社

Contents
Fashionable group planting of Jewelry Plants

白いワイヤーの壁掛け（つくり方P.36）

I Enjoying Jewelry Plants
ジュエリープランツの愉しみ

1. シンプルな器の寄せ植え ……………… 6
   おしゃれな寄せ植えのつくり方 ………… 10
2. 市販の枠でつくる簡単リース ………… 12
   簡単なモザイク・リースのつくり方 …… 14

II Next Stage of Enjoying Jewelry Plants
ワンランク上の愉しみ方

1. 多肉植物のハンギングバスケット …… 18
   ハンギングバスケットのつくり方 ……… 20
2. 多肉植物と球根の寄せ植え …………… 22
   多肉植物と球根の寄せ植えのつくり方… 24
3. 多肉植物のタワー ……………………… 26
   多肉植物のタワーのつくり方 …………… 28
4. 多肉植物とグラス類の寄せ植え ……… 30
   多肉とグラス類の寄せ植えのつくり方… 32
5. 多肉植物の壁掛け ……………………… 34
   多肉植物の壁掛けのつくり方 …………… 36
6. 多肉植物の吊り鉢と
   プランツホルダー ……………………… 38
   多肉植物のプランツホルダーのつくり方… 40

III Illustrations of Jewelry Plants
寄せ植えに使いたい多肉植物図鑑

アエオニウム属 44　アプテニア属 44
エケベリア属 45　オロスタキス属 49
カランコエ属 50　クラッスラ属 51
シノクラッスラ属 53　グラプトセダム属 56
グラプトペタルム属 56　コチレドン属 56
セダム属 57　セネシオ属 61　オトンナ属 61
セロペギア属 61　センペルビブム属 62
ハオルシア属 63　パキフィツム属 63
パキベリア属 63　ムラサキベンケイソウ属 64

IV Making Friends With Jewelry Plants
ジュエリープランツと友達になる

ジュエリープランツとは ………………………… 66
ジュエリープランツの分類と分布 ……………… 68
ジュエリープランツの生育環境 ………………… 70
ジュエリープランツの育て方 …………………… 72
基本の土と土壌改良材 …………………………… 74
肥料の種類と与え方 ……………………………… 76
寄せ植えに使う器 ………………………………… 77
あると便利な道具と使い方 ……………………… 78
ジュエリープランツの基本の植え方 …………… 80
ジュエリープランツの寄せ植えの基礎 ………… 82
ジュエリープランツの寄せ植えの管理 ………… 84
ジュエリープランツのふやし方 ………………… 86
ジュエリープランツの病害虫対策 ……………… 88
ジュエリープランツのよい苗の選び方 ………… 90
おすすめ園芸店とネットショップ ……………… 91
ジュエリープランツの生育カレンダー ………… 92
ジュエリープランツ図鑑索引 …………………… 94

Column1
アンティーク調コンテナのつくり方 …… 16
Column2
多肉植物に咲く花 ……………………………… 42

セダム・オーロラ

Enjoying Jewelry Plants

セダム'リトルジェム'の周囲にセダム・ヒスパニクムを配置。

Enjoying I Jewelry Plants

ジュエリープランツの愉しみ

組み合わせで生まれる色と形のハーモニー

　明るい黄色から赤、オレンジ、白、緑、紫など、さまざまな葉の色をもつジュエリープランツたち。フォルムもユニークなものが多く、バラエティーに富んでいます。

　そのまま白いカップにポンと植えてもすてきですが、シンプルな器に色やフォルムが異なる2～3種類を寄せ植えしてみましょう。お互いの個性を引き出して、いっそう魅力的なハーモニーを生み出します。その輝くような美しさは、花にも負けません。

　はじめは小さな鉢からやってみましょう。器の色や形、素材や質感の違いで、組み合わせは自由自在。慣れたら徐々に大きな器に挑戦するとよいでしょう。

表記・凡例

Ae＝アエオニウム属　Ap＝アプテニア属
Ce＝セロペギア属　Co＝コチレドン属
Cr＝クラッスラ属　De＝デロスペルマ属
Ec＝エケベリア属　Eu＝ユーフォルビア属
Grp＝グラプトペタルム属
Grs＝グラプトセダム属
H＝ハオルシア属　Hy＝ムラサキベンケイソウ属
Ka＝カランコエ属　Or＝オロスタキス属
Ot＝オトンナ属　Pa＝パキフィツム属
Pav＝パキベリア属　S＝セダム属
Se＝セネシオ属　Sem＝センペルビブム属
Si＝シノクラッスラ属

アエオニウム'黒法師'→Ae黒法師
セダム'トリカラー'→Sトリカラー

コチレドン'紅覆輪'

Jewelry Plants
& simple container

小さな容器や素材感のある器は、手軽でかわいい寄せ植えにぴったり。誰でも楽しめる初心者向きの実例を集めました。

1. シンプルな器の寄せ植え

　小さなマグカップやシュガーポットなど、普段使いのシンプルな器にジュエリープランツを植えてみましょう。キュートな表情が引き立って、とてもよく合います。

　エッグスタンドのようなユニークな器を使うのもおすすめです。小さな器だと移動も簡単なので、身近に置いて楽しめます。

　上手につくるコツは、植物を入れすぎないこと。器の大きさにもよりますが、初心者は2～3種類、多くても5種類くらいに絞ったほうがきれいにまとまります。

　また、白い器には濃い色目の植物を、濃い色の器には明るい色彩の植物でまとめるのもポイントです。

　ジュエリープランツに合う器の素材は、シンプルな陶器、ブリキ、木製や質感の際立ったコンテナなどです。器と植物はトータルでデザインしましょう。

手のひらサイズのブリキ製ジョウロに
1 Sオーロラ　2 Sゴールデンカーペット
3 Cr紅稚児　4 Crヘアリー　5 Se斑入りグリーンネックレス　6 Sトリカラー

ミニサイズのポットからのぞかせて
1 Sダシフィルム　2 Sオーロラ　3 Sアカプルココゴールド　4 S白覆輪マルバマンネングサ

Ⅰ ジュエリープランツの愉しみ

古い豆鉢に2種類だけを上品に植えて
1 Ec花うらら　2 Sミクランサム

マットな質感の
スクエア・コンテナに1種
1 Semレディースコット

お茶碗いっぱいの
カフェ飯みたいに

1 Ecダスティー　2 Or子持ちイワレンゲ　3 Cr紅稚児　4 Sゴールデンカーペット

マットな手作り鉢に色彩を際立たせて
1 Semレディースコット　2 S虹の玉　3 Sアクレ・オーレウム

I ジュエリープランツの愉しみ

舟形のスリムな器に立体感をつけて

1 Ka月兎耳　2 Sドラゴンズブラッド　3 Sアクレ・オーレウム　4 Ecダスティー　5 Se斑入りグリーンネックレス　6 Ec群月冠　7 Sブルブレウム

アレンジBOXを花かごに見立てて
1 Semダックモール　2 Sアクレ・オーレウム　3 Sブラエアルツム　4 Sブルブレウム　5 Cr紅稚児　6 Deイエローアフタヌーン

壺形の陶器鉢に植え、花束のイメージで

1 Semロスマンテル　2 Cr若緑　3 Sリトルジェム　4 Sプロリフェラ　5 Sブルブレウム　6 Sマルバマンネングサ・ゴールド

小型のバードバスにさざ波が立ったよう
1 Or子持ちイワレンゲ　2 Sゴールデンカーペット　3 S雲仙マンネングサ

Jewelry Plants & simple container

小型でスリムなコンテナに立体感のあるおしゃれな寄せ植えを。初心者でも失敗なく、上手につくれます。

おしゃれな寄せ植えのつくり方

　はじめて寄せ植えに挑戦する人でも、意外に植え込みやすいのが、スクエアタイプや舟形などの細長くてスリムなコンテナ。2～3種類しかジュエリープランツを使わなくても、ボリュームたっぷりに見えて見栄えのよい仕上がりになります。

　一般の宿根草と違い、根鉢をかなり崩しても生長するので、植えてすぐに飾りたい場合は、根鉢の土を落として小さくすると、たくさん植え込むこともできます。

　草丈が高い苗や、茎に動きがある苗は、割り箸などで支えながら植え込み、周囲をしっかり固めてから最後に割り箸を静かに抜き取るとバランスよく植えられます。

　セダムなどのボリュームがあるタイプは、ポットから抜いたら何等分かに分けて植え込むと、土を見せることなく、全体に美しく配置することができます。

シンプルでも躍動感のある組み合わせ
1 Ae黒法師
2 Deイエローアフタヌーン
3 S斑入りマルバマンネングサ

3 2 3 1

用土と植えつけ

パーライト、多肉植物用培養土、Ae黒法師1株、Deイエローアフタヌーン1株、S斑入りマルバマンネングサ2株、コンテナ、鉢底ネット、ハサミ、スプーン、ピンセット、箸、土入れ

1 鉢底ネットをハサミで切る。コンテナの底に鉢底ネットを敷き、土入れでパーライトを2～3cm入れる。

2 上から多肉植物用培養土を入れる。このとき、一番根鉢の大きな黒法師の根鉢が入る程度までにする。

3 土を入れ終わったところ。右側の黒法師を植えるところは、根鉢の底が深くなるようにしておく。

Ⅰ ジュエリープランツの愉しみ

4 先に大きな黒法師から植えつける。株元を持って、やさしく逆さにし、ポットから苗を静かに抜く。

5 コンテナの幅に合わせて、根鉢を周囲から少しずつ崩して小さくする。根鉢の上側はあまり崩さない。

6 コンテナに苗を植え込み、上から株元の周囲を指でしっかり押さえ、用土と根鉢を隙間なくなじませる。

7 この上から横に広がるタイプを植え込むので、土を足して高さが均一になるように調整する。

8 イエローアフタヌーンの苗をポットから抜き、根鉢を崩して周囲の土を落とし、根鉢を低く小さく整える。

9 苗を配置し、指で奥までしっかり植え込む。箸で用土と根鉢の隙間に土を入れてよくなじませる。

10 セダムの苗は、ポットを逆さにして静かに抜く。根が底に回っていないか、よく確認しておく。

11 コンテナの幅に合わせて隙間なく植えるために、セダムを根鉢から2つに分ける。あまり細かく分けない。

12 株分けしたセダムは、箸を使って植え込む。同様に残りの1株も株分けし、全体が覆われるように植える。

13 小さな隙間には、株分けしたときに落ちた部分を拾い、挿し芽の要領で、ピンセットで差し込んで埋める。

14 苗と容器の間に隙間ができないように、スプーンで少しずつ土を足し、箸でつついてから隙間に土を足す。

——完成

Jewelry Plants wreathes

市販のワイヤー製の枠や、
手軽につくれる小さな枠を使って、
一年中楽しめる、輝くリースをつくりましょう。

2.市販の枠でつくる簡単リース

　市販のワイヤー製リース枠は、底に水ゴケを敷きつめるだけで簡単にジュエリープランツを植え込めます。クリスマスシーズンだけでなく、一年中葉の色や形を楽しめるので、初心者にもおすすめです。

　葉の形や色、株の大きさなども合わせてデザインすると、組み合せは無限に広がります。同じ大きさの枠を使っていても、植物を工夫するだけで、世界にひとつだけのオリジナル・リースが手軽につくれます。

　植え込むジュエリープランツは、枠の大きさに合わせて選びましょう。大きな枠には、ポイントにエケベリアやセンペルビブムなどを入れるとアクセントになります。小さな枠は、葉の細かいセダムなどでまとめ、葉色やフォルムで変化をつけます。

　ワイヤーを使った簡単な枠は小さめにつくり、切り口で手を痛めないようにします。

小皿にものるほど小さなリース
1 Sドラゴンズブラッド　2 Sトリカラー　3 Sオーロラ　4 Sコーラルカーペット　5 Sゴールデンカーペット　6 Sダシフィルム

手作り枠の
簡単ミニ・ハート
1 Semチョコレートチップ　2 Sケーププランコ　3 Sトリカラー　4 Hyレディーアン　5 S虹の玉　6 Or子持ちイワレンゲ

Ⅰ ジュエリープランツの愉しみ

市販の枠にセダムをモザイク状に詰めて
1 Ecトプシーターピー　2 Sマルバマンネングサ・ゴールド　3 Sオノマンネングサ　4 Sパリダム　5 Sドラゴンズブラッド　6 Sタイトゴメ　7 S虹の玉

丸めたワイヤーに水ゴケで水分を補給
1 Semチョコレートチップ　2 S虹の玉　3 Semシャンハイローズ　4 Gr秋麗　5 Cr錦の司　6 Ceハートカズラ　7 Seグリーンネックレス

大きなハート形の枠には大型の植物を
1 Ae黒法師　2 Ecトプシーターピー　3 Cr若緑　4 Ka月兎耳　5 Kaペパーミント　6 Hyミセバヤ　7 Ecデビー

Jewelry Plants wreathes

だれでもきっとつくりたくなる、ジュエリープランツを使ったリース。3種類以上を小分けにして組み合わせます。

簡単なモザイク・リースのつくり方

　市販の枠を使うと、ジュエリープランツの魅力あるリースが手軽につくれます。3種類の苗を2〜3等分してパッチワークのように組み合わせ、後からポイントになる大きめの苗を差し込みます。

　はじめてつくる場合は、市販のハンギングバスケット用のリース枠のうち、小さなものを選ぶと、まとまりやすいでしょう。

　デザインの基本は、葉の小さいセダムの仲間でベースをつくり、大きめの葉のセダムやエケベリアでポイントをつくることです。セダムの仲間には黄色や緑、赤など、さまざまな葉色があるので、葉の質感や色が異なるものを選びます。

　また、セダムとエケベリアのように、同じ生育パターンをもつ種類を選ぶと、置き場所も同じなので管理しやすく、長期間美しい状態を保ちやすいのでおすすめです。

葉色の美しさと立体感を周年楽しめる
1 Sマルバマンネングサ・ゴールド　2 Sプルプレウム
3 Sタイトゴメ　4 S銘月
5 Sオーロラ　6 Sドラゴンズブラッド　7 Otルビーネックレス

（カバーに掲載）

用土と植えつけ

多肉植物用培養土、ココヤシファイバー、残土入れ、Sマルバマンネングサ・ゴールド2株、Sダシフィルム1株、Sタイトゴメ1株、Sプルブレウム1株、Sドラゴンズブラッド1株、S銘月2株、Sオーロラ1株、Otルビーネックレス1株、Sニベウム3株、直径22cmのワイヤーリース台（ココヤシシート付き）、スプーン、ピンセット、箸、土入れ

1 ココヤシシートを底にしっかり敷き、土入れで上から多肉植物用培養土を高さ1/3〜1/2ほどまで入れる。

2 土を入れ終わったら、ベースとなるセダム類を並べ、配置を決める。1枠に3種類、異なった品種を選ぶ。

3 ポットから苗を静かに抜き、根鉢の下のほうで固く回っている根をちぎって取り除く。固い場合はハサミで切る。

Ⅰ ジュエリープランツの愉しみ

4 セダムを株分けする。底から根と株を確認し、根が自然に分かれているところで1/3〜1/2に分ける。

5 株分けしたら、根鉢の土がバラバラにならないように押し固め、リングの中に植えて培養土になじませる。

6 配置した順に苗を植え込み、上から株元の周囲を指でしっかり押さえ、用土と根鉢を隙間なくなじませる。

7 ピンセットを使って高さが均一になるように調整する。沈んでいるものは引き上げてから、指で土を寄せる。

8 枠と根鉢の隙間には、スプーンで用土を足す。箸で用土と根鉢の隙間を突いて土を入れ、よくなじませる。

9 時計回りに1枠に3種類の苗を、すべての枠に植える。箸で穴をあけ、折れたものをピンセットで深く差す。

10 ポイントにする大きめの葉のタイプの苗は、根鉢を崩して土を落とし、1本ずつに株分けする。

11 差し込みやすいように下葉を2〜3枚取り除き、根と土を押し固め、ピンセットで根鉢を挟んで差し込む。

12 ルビーネックレスのように動きの出るものを株分けしてピンセットで差し込み、Uピンなどで固定する。

13 ココヤシファイバーをワイヤーの枠の間にピンセットで差し込んで埋めると、全体がなじんだ印象になる。

14 水を張ったタライやバケツに高さ1/2ほどまで浸し、1時間程度そのまま置いておき、しっかり吸水させる。

——完成

アンティーク調のコンテナは
ジュエリープランツがよく似合う。

Column 1
アンティーク調コンテナのつくり方

フルーツやホールトマトなどの空き缶に手を加えて、アンティーク調のコンテナに。空き缶の再利用とは思えない、おしゃれなコンテナに仕上がります。

用意するもの
空き缶、缶にモチーフとして貼りつけるイメージ写真（海外の雑誌などの切り抜き）、ろうそく、シーラー、ボンド、刷毛数本、アクリル絵の具（下地用と上塗り用の2色）、ひび割れ剤、ニス、端切れ布、パレット（卵パックやイチゴパックで代用）

つくり方
1. 空き缶の外側全体にシーラーを塗り、その上から下地用の絵の具を塗る。
2. ひび割れ剤を塗り重ねる。厚いと大きなひびに、薄いと細かく割れる。
3. ひび割れ剤が乾いてから、上塗り用の絵の具を塗る。重ねて塗るとひび割れができないので一度塗りにする。
4. 貼りたい写真を手でちぎり、ろうそくに火をつけて周囲を焦がす。写真を燃やさないよう、また火傷に注意。
5. 写真の裏側にボンドをつけて缶に貼りつけ、布に下地用の絵の具を少量つけて全体にぼかし、風合いを出す。乾いたら写真の上だけにニスを塗る。

フルーツ缶を楕円形になるように少しつぶし、下地のアクリル絵の具を茶色、仕上げを濃いモスグリーンにした。仕上げに上からラフィアを結んで。

モチーフにする切り抜き写真は、手でちぎって自然な感じを出し、周囲をろうそくの火であぶってアンティークな風合いを出す。火がついたらすぐに吹き消し、焦がしすぎないように注意。

Next Stage of II Enjoying Jewelry Plants

ワンランク上の愉しみ方

組み合わせで生まれる色と形のハーモニー

　丈夫で乾燥にも強いものが多いジュエリープランツ。ハンギングバスケットや壁掛けなどは、一般的な草花で構成すると乾きやすいものですが、ジュエリープランツでまとめると管理しやすく、美しい状態で長く楽しめます。庭やテラスのフォーカルポイントにぴったりです。

　また、フォルムやタイプが異なる植物との組み合わせも新鮮で、新しい魅力が広がります。色とりどりのジュエリープランツのマットからパッと花開く可憐な球根の花や、さらさらと風になびくラインが動きを生むグラス類との組み合わせなど、管理もしやすくて寄せ植えの楽しさが広がるのでおすすめです。

エケベリア'マホガニーローズ'

Hanging basket of Jewelry Plants

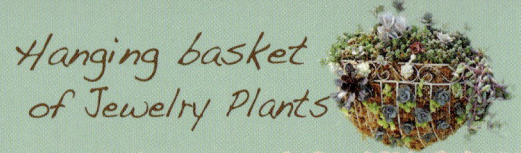

乾燥に強いジュエリープランツは、ハンギングバスケットにも向きます。組み合せを工夫して立体的につくりましょう。

1. 多肉植物のハンギングバスケット

　庭やテラスを立体的に彩るハンギングバスケット。草花でつくられることが多いのですが、ジュエリープランツでも楽しめます。市販のプラスチック製の台のほか、ワイヤー製もあり、さまざまなタイプが販売されています。どんなイメージに仕上げたいかによって台を選びましょう。ジュエリープランツを植え込むと、かなり重くなるので、小さめの台を選ぶのがコツです。

　ハンギングバスケットの応用で、プラスチック製のスリット鉢に切り込みを入れて台にしたハンギングボール。ジュエリープランツでつくると立体感が際立ちます。
　全体を丸いシルエットに形づくるには、伸び方によって植える位置を決めることが大切です。上層は上に伸びるタイプ、中層は横に広がるタイプ、下層は下に垂れるタイプを選びます。

シルバーワイヤー製の三日月形バスケット
1 Ecルンヨニー　2 Apベビーサンローズ　3 Sドラゴンズブラッド　4 S黄麗　5 Sリトルジェム　6 Ceハートカズラ　7 Sゴールデンカーペット　8 Ae小人の祭り

市販のハンギング台で華やかな大型種を
1 Ecデザートローズ　2 Grp朧月　3 S雲仙マンネングサ　4 セトクレアセア　5 Euリギダ　6 花アロエ　7 Apベビーサンローズ

スリット鉢の応用、注目のハンギングボール

1 Ecピーチプリデ　2 Ec女雛　3 Ecパールフォンニュルンベルグ　4 S雲仙マンネングサ　5 Ec白牡丹　6 Apベビーサンローズ　7 Sツルマンネングサ

シックな色合い、動きのあるコンテナ

1 Ae黒法師　2 カレックス　3 斑入りツユクサ 白絹姫　4 Seグリーンネックレス　5 Kaペパーミント　6 Ecパリダ　7 Euミロッティー

Hanging basket of Jewelry Plants

半球形の標準タイプの台より、簡単で失敗が少ない吊り下げ型。垂れる植物を外側に配置するのがコツです。

ハンギングバスケットのつくり方

　吊り下げるタイプの市販のバスケット枠は、植える面積も少ないので、ハンギングバスケットの初心者でも失敗が少なく、上手につくれるのでおすすめです。

　上側の中央には上に盛り上がって伸びるタイプ、横にはふっくらと広がるタイプ、側面には匍匐性のものや下に垂れるタイプを選びましょう。ワイヤー製の枠や縁がジュエリープランツで自然に隠れるように植えるのが、きれいにつくるポイントです。

　高さは均一にそろえるのではなく、凹凸や質感で少し変化をつけるとまとまりやすくなります。また、コンパクトに美しく仕上げるには、植え込む際に苗の根鉢の土を適度に落としておくことも必要です。

　ハンギングバスケットは乾燥しやすいので、作業の際には苗と用土の間に隙間をつくらず、しっかりと詰めることが大切です。

バスケットから宝石があふれ出るように
1 花アロエ　2 Ecキルビネア　3 Sドラゴンズブラッド　4 Euミルシニテス　5 Grsブロンズ姫　6 Se三日月ネックレス　7 Sアクレ・オーレウム

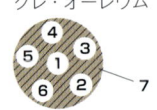

用土と植えつけ

パーライト、多肉植物用培養土、花アロエ1株、Ecキルビネア1株、Se三日月ネックレス1株、Sドラゴンズブラッド1株、Sアクレ・オーレウム1株、Euミルシニテス1株、Grsブロンズ姫1株
直径15cmのワイヤーハンギング枠（ココヤシシート付き）、ハサミ、スプーン、ピンセット、箸、土入れ

1 ハンギング枠にココヤシシートをしっかり敷き、土入れでパーライトを全体の1/2の高さまで入れる。

2 上から多肉植物用培養土を入れる。このとき、一番根鉢の大きな花アロエの根鉢が入る高さに合わせる。

3 中心に配置する花アロエから植える。苗をポットから抜き、根鉢をやさしく崩して根鉢を1/3まで減らす。

Ⅱ　ワンランク上の愉しみ方

4 株元を持って中央に配置し、根鉢の高さが枠の縁よりも2cmくらい下がるように、土の高さを調整する。

5 周囲に植え込む苗を配置する。手前に低くてポイントになる苗を、側面に垂れ下がるタイプの苗を配置。

6 用土を足して中央の株を植え込んだら、手前の大きな株から配置。根鉢の土を落として小さくまとめる。

7 横に広がるタイプは、ハンギングの枠が隠れるように植え込む。株が手前に垂れるように調整する。

8 三日月ネックレスの苗をポットから抜き、根鉢を崩して小さく整え、枠をなるべく隠すように下に垂らす。

9 セダム以外の苗を配置し、苗と枠、苗と苗の間に土を、足し、枠の縁から2cm下がった高さにそろえる。

10 箸で用土と根鉢、枠との隙間に土をしっかり突き入れ、よくなじませる。土が減った場合は少し足す。

11 セダムの根鉢の高さを1/2にして余分な土や根を取り除く。根の土が落ちにくいときはピンセットで落とす。

12 根鉢の土を落としたら、株を1/2に分け、さらに1/2に分けて、セダム1ポットから1/4の苗を4つつくる。

13 1/4に株分けしたセダムは、ピンセットを使って苗の間に植え込む。全体が覆われるように植える。

14 苗と苗の間に隙間ができないように、スプーンで少しずつ土を足し、箸で突いてから隙間に土を足す。

完成

21

Jewelry Plants
& Bulbous plants

モコモコとかわいいジュエリープランツから球根の花が飛び出して咲くコンテナです。球根が休眠しているときも、一年中楽しめます。

2. 多肉植物と球根の寄せ植え

　季節の訪れを告げてくれるかわいい球根植物の花は、ジュエリープランツと相性がよいものが多く、寄せ植えするのに向いています。カーペットのようにコンテナの表面をジュエリープランツで覆い、中から球根がひょっこりと顔を出すように咲かせましょう。宿根草をポイントに加えるのもおすすめです。

　配置のポイントは、ジュエリープランツを密に植えすぎないことで、ややまばらなグラウンドカバーというイメージになるようにします。厚く盛り上がってしまうと、間から球根が芽を出しにくくなるので気をつけましょう。挿し芽を何箇所かするくらいでも、すぐに根が出るので十分です。

　葉色は明暗を組み合わせて変化を出し、主役の球根と脇役のジュエリープランツのメリハリをつけて苗を選びましょう。

ワイヤーのバスケットで春の精を呼ぶ

3 2 1 7
4 5 6

1 クロッカス・ミスバイン 2 スノードロップ 3 Sアカブルコゴールド 4 Sケーブブランコ 5 Sコーラルカーペット 6 Sミルキーウエイ 7 Sモリムラマンネングサ

ミニスイセンを白いバスケットで華やかに

1 スイセン・キューティーマミー　2 クロッカス　3 Sアクレ・オーレウム　4 Sトリカラー　5 Sケープブランコ　6 Sゴールデンカーペット　7 Sプルブレウム　8 Sマルバマンネングサ・ゴールド

シックなバイモの仲間を手かごに詰めて

1 フリチラリア・ウバパルビス　2 シラー　3 Sマルバマンネングサ・ゴールド　4 Sトリカラー　5 Sプルブレウム

アマリリスが主役のフォーマルな贈り物に

1 アマリリス・マジックグリーン　2 Sドラゴンズブラッド　3 Sゴールデンカーペット　4 Sモリムラマンネングサ　5 Sミクランサム

アンティーク調のブリキ缶にパステル色の花

1 キアネラ・オルキディフォルミス　2 銅葉アルメリア　3 リシマキア・ミッドナイトサン　4 Sマルバマンネングサ・ゴールド　5 Sトリカラー

Jewelry Plants
& Bulbous plants

小さく可憐な小球根を主役に、
宿根草やジュエリープランツと合わせて。
先に球根や宿根草を配置するのがコツです。

多肉植物と球根の寄せ植えのつくり方

　ジュエリープランツと一緒に植えたい球根植物は、たとえば、チューリップなら原種系、ユリならバイモユリのように、大きな球根よりも小球根のほうが似合います。

　また一緒に植えるジュエリープランツの種類も、セダム類やセネシオ類などのカーペット状に広く覆うタイプが適します。これらは根もあまり深く張らないので、比較的深く伸びる球根の根と喧嘩せずに、コンテナの中でうまく共存したまま生育することができるのです。

　植え込むときは、先に球根を植えてから宿根草を植え、最後にジュエリープランツを植えて仕上げます。このとき、最初から詰めすぎないように注意します。球根のまま植えつけてもよいのですが、初心者は芽だし球根を使うとバランスがつかみやすいので、きれいにできておすすめです。

**球根の花を包み込む
多肉植物のカーペット**

1 メラスフェルラ・ラモーサ
2 キアネラ・オルキディフォルミス　3 ヒメリュウキンカ
4 S斑入りマルバマンネングサ　5 リシマキア・ミッドナイトサン　6 Sストリカラー　7 Sダシフィルム

用土と植えつけ

パーライト、多肉植物用培養土、メラスフェルラ・ラモーサ　1株、キアネラ・オルキディフォルミス2株、ヒメリュウキンカ1株、リシマキア・ミッドナイトサン1株、S斑入りマルバマンネングサ1株、Sドラゴンズブラッド1株、Sストリカラー1株、Sダシフィルム1株、コンテナ、鉢底ネット、ハサミ、スプーン、ピンセット、箸、土入れ

1 コンテナに水抜き穴がないときは穴をあけ、鉢底ネットを敷いてパーライトを全体の1/4の高さまで入れる。

2 一番根鉢の大きな芽だし球根の根鉢が入る高さに合わせ、どの程度の深さまで土を入れるかを確認する。

3 先程印をつけた位置まで、土入れで用土を入れる。目安はコンテナの深さの1/2くらいまで。

Ⅱ　ワンランク上の愉しみ方

4 芽だし球根をポットから静かに抜く。このとき、球根の根鉢はできるだけ崩さないように注意する。

5 ポットから抜いたままの状態で、そっと静かに芽だし球根を植えつける。草丈が伸びるものは後方に配置。

6 3株の芽だし球根を植え終わったら、用土を足して宿根草の根鉢の高さに合わせるようにする。

7 箸で突いて苗とコンテナの隙間に用土をしっかり入れる。力を入れすぎて球根を突き刺さないように注意。

8 宿根草の苗をポットから抜き、根鉢を崩して1/2程度の大きさまで土を減らす。根を小さくまとめる。

9 宿根草を植え終わったら、上から3cmほど残して土を足し、隙間を箸で突いて用土を行き渡らせる。

10 セダムの苗をポットから抜き、底から1/2の土を落とし、株を割って1/2の大きさに株分けする。

11 指か箸で用土の隙間に穴を少しあけ、コンテナの縁が見えなくなるようにセダムを植えつける。

12 箸を使って細かい隙間にも土を入れ、苗の根と用土がなじむようにする。同様に他のセダムも植えつける。

13 土を落として小分けに株分けしたドラゴンズブラッドは、根をまとめてピンセットで挟み込む。

14 隙間にピンセットで苗を差し込んで植え、すべて植え終わったら箸で突いてスプーンで隙間に土を足す。

——完成

Towers of Jewelry Plants

フラワーアレンジメントでも人気の華やかなタワー状に植え込んだスタイルです。クリスマスや新年だけでなく、通年楽しめます。

3. 多肉植物のタワー

　円錐状に形成したワイヤー製の枠を使って、ジュエリープランツをタワー状に植え込んでみましょう。

　切り花をたっぷり挿したタワー・スタイルは、フラワーアレンジメントでは、とても人気がありますが、ジュエリープランツでつくると、宝石の塔のようですてきです。クリスマスやお正月、ウエディングなどの華やかなシーンではなく、庭やベランダのフォーカルポイントに置いて、一年中楽しみたいものです。

　市販の円錐形のワイヤー製の枠を使うか、ワイヤーで小さな円錐形の枠を自作して骨格に使います。直径10〜15cm程度の小さな枠から始めたほうがつくりやすいでしょう。デザインのベースは葉色の異なるセダム類を数種類選び、均一に植え込んで、すっきりした円錐形に整えます。

手のひらサイズのトルネード・タワー
1 Ceハートカズラ　2 Sコーカサスキリンソウ　3 Sウインクレリー　4 Sドラゴンズブラッド　5 Si天竺　6 Ae小人の祭り　7 Sピックアルブム

すぐできる！テーブルに似合う小さなタワー
1 Sプロリフェラ　2 Sドラゴンズブラッド　3 Sコーカサスキリンソウ　4 Sオーロラ

Ⅱ　ワンランク上の愉しみ方

庭のアクセントにおすすめのコンテナ・タワー

1 Crクーベリー　2 Sゴールデンカーペット　3 Pav霜の朝　4 S松の緑　5 Sドラゴンズブラッド　6 Sアクレ・オーレウム　7 Sミクランサム　8 シンバラリア　9 白覆輪マルバマンネングサ　10 Sモリムラマンネングサ

Towers of Jewelry Plants

庭が豪華に見えるタワーは、パッチワーク風に多種類のセダムで。コンテナ付きで、移動も簡単にできます。

多肉植物のタワーのつくり方

　庭のアクセントにぴったりのコンテナ付きタワーは、長期間楽しめて移動も簡単なので、一度は挑戦してみたい寄せ植えスタイルです。

　葉の細かいセダム類で、葉色やディテールが異なるものを数タイプ選び、パッチワーク状に植え込みます。このとき、葉の大きさが同じくらいの品種にすることが、きれいに仕上げるポイントです。

　中に詰める水ゴケは、ふんわりと少なめの量に抑えておきます。結着剤入りの用土は薄く均一に敷き、植え込んだときに加わるジュエリープランツの厚みを考慮して、ワイヤー製の枠よりも1cm以上内側にへこませておきます。植え込む土台の土が、枠より外側まで出てしまうと、ジュエリープランツを植えたときに形が崩れ、円錐形に仕上がらないので注意しましょう。

パッチワークのコンテナ・タワー

1 Crクーベリー　2 Sゴールデンカーペット　3 Pav霜の朝　4 S松の緑　5 Sドラゴンズブラッド　6 Sアクレ・オーレウム　7 Sミクランサム　8 シンバラリア　9 斑入りマルバマンネングサ　10 Sモリムラマンネングサ　11 Ceハートカズラ

用土と植えつけ

水ゴケ、ネルソル、Crクーベリー2株、Sゴールデンカーペット2株、Sドラゴンズブラッド2株、Sアクレ・オーレウム2株、Sミクランサム2株、S白覆輪マルバマンネングサ3株、Sモリムラマンネングサ2株、Ec群月冠2株、S松の緑3株、Ec霜の朝2株、コーン形ハンギング枠（直径15cm）、ココヤシファイバー、ハサミ、ピンセット、箸（ネルソルはP.75参照）

1 ココヤシファイバーを薄く伸ばし、枠の内側に沿って、先端まで全面に敷く。中央部は空洞にしておく。

2 水ゴケを十分水に浸して湿らせ、軽く絞ってからココヤシファイバーの内側にふんわりとゆるめに詰める。

3 ネルソルに水を加えてよく練り、ココヤシファイバーの外側から枠より1cmへこませて均一の厚さに塗る。

Ⅱ　ワンランク上の愉しみ方

4 セダムをポットから抜き、根鉢の下1/2〜2/3を取り除く。肩は崩さず、根鉢の厚みを減らす。

5 切った根鉢の下側から、箸で土を丁寧に落とす。土をできるだけ取って苗の根鉢を薄くするのがポイント。

6 薄くなった苗を2〜3個に株分けし、内側の土に植え込んでいく。上の高さが枠と同じになるようにそろえる。

7 バランスを見ながら1種類を何箇所かに分け、枠の大きさにそろえて植え込む。

8 セダムを植え込み終わったら、ポイントになる、やや大きめの葉をもつ品種も植えつける。

9 切れた茎や、匍匐性をもつ種類などは、株元をピンセットで挟んで深く差し込み、内部の土に固定する。

10 アクセント用の大きめの葉の苗をポットから抜き、根鉢を崩して1本ずつに株分けする。

11 株分けした根をコンパクトにまとめ、ピンセットの先端で挟みやすくする。

12 根鉢をぐっと押し込んで、土の部分にしっかり固定されるように植えつけ、周囲の土を指で密着させる。

13 コンテナに鉢底石を入れてから培養土を入れ、手前にシンバラリアを植えつけた土台を用意する。

14 土が見えないようにココヤシファイバーで覆う。ピンセットでハートカズラを差し込み、動きをつける。

――完成

Jewelry Plants & Glass plants

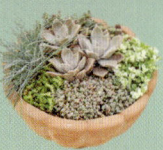

さらさらと繊細なグラス類の葉と
キュッと丸い多肉植物のディテールは
思いがけない絶妙なコンビネーションです。

4. 多肉植物とグラス類の寄せ植え

細くて風で動きが出るグラス類の葉は、ぽってりと丸いジュエリープランツを寄せ植えすると、お互いの草姿の違いが際立って見えるので、意外にも相性がよい組み合わせです。大きめな葉をもつ個性的なジュエリープランツを組み合わせた寄せ植えの中にアクセントとして1 ~ 2種類取り入れると、アーティスティックでありながらもバランスよくまとまります。

グラス類の多くは、根がよく張る植物ですが、ジュエリープランツはあまり根が張らないでも育つので、一定期間は植え替えずに一緒に育てても大丈夫です。グラス類は乾燥を好むので、ジュエリープランツも乾燥に強いタイプを選びます。使うコンテナはメタリックな印象のブリキ製や金属系の素材、表面がマット仕上げの陶製などがよく似合います。

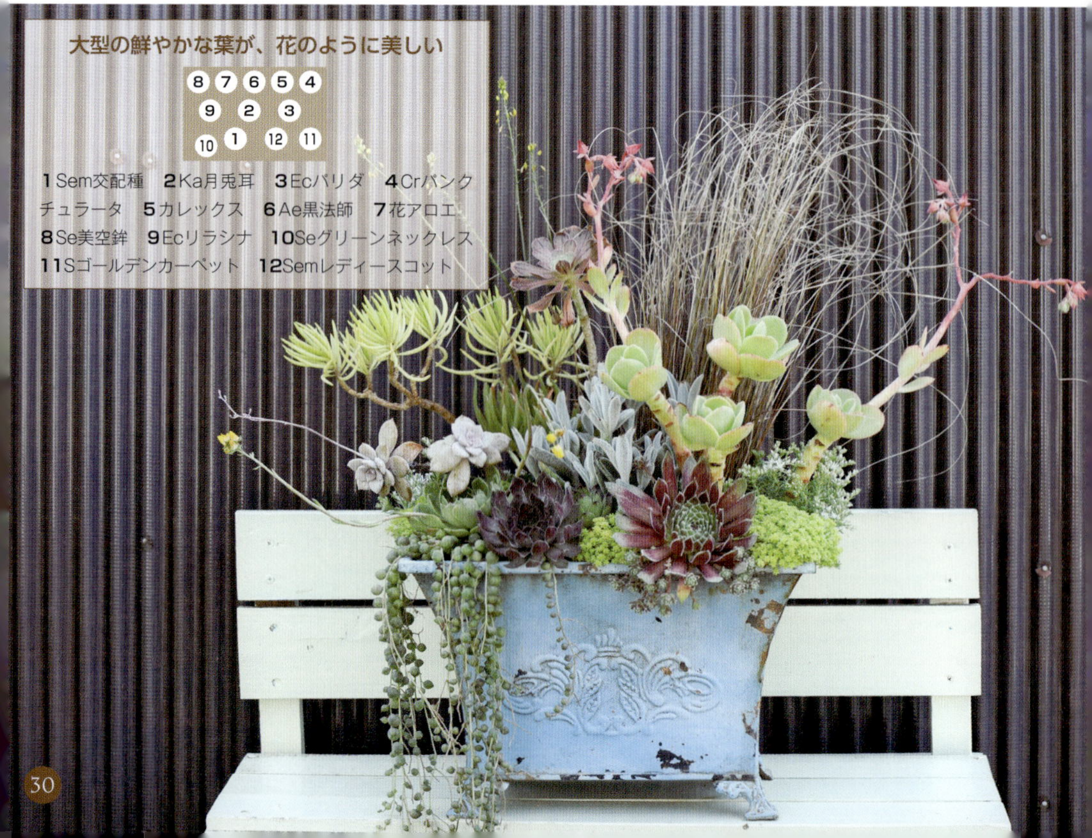

大型の鮮やかな葉が、花のように美しい

8 7 6 5 4
9 2 3
10 1 12 11

1 Sem交配種　2 Ka月兎耳　3 Ecパリダ　4 Crパンクチュラータ　5 カレックス　6 Ae黒法師　7 花アロエ　8 Se美空鉾　9 Ecリラシナ　10 Seグリーンネックレス　11 Sゴールデンカーペット　12 Semレディースコット

ブリキのジョウロに花束を生けたように

```
  5
4   2 6
  3 1
```

1 Ec高砂の翁　**2** S春萌　**3** Sドラゴンズブラッド　**4** S斑入りマルバマンネングサ　**5** Sリフレクサム　**6** フェスツカ・グラウカ

躍動感を演出する ロングコンテナ

```
    7 2
  6 1 3
    5 4
```

1 Ae黒法師　**2** Seマサイの矢尻　**3** ディスチャンプシア・ノーザンライン　**4** Semブロンコ　**5** 斑入りストロベリー　**6** ツルコケモモ　**7** ルブス サンシャインスプレンダー

オレンジ色のコンテナ、風に揺れるシルエット

```
   2
 4 1 3
```

1 Sem交配種　**2** カレックス　**3** 斑入りハゴロモジャスミン　**4** Ec花うらら

Jewelry Plants
& Glass plants

小型でテラコッタのコンテナにグラス類をアクセントにした寄せ植えを。初心者でもつくれて、庭のどこでもなじみます。

多肉植物とグラス類の寄せ植えのつくり方

　ジュエリープランツに似合うグラス類の葉は、ブロンズ系の色やブルー系が強い緑色などです。使うコンテナの色も考えて、同系色や反対の色を選ぶとまとまりやすくてよいでしょう。

　全体のデザインは、セダムなどの低くまとまるタイプをベースにします。アクセントになるセンペルビブムやクラッスラなどの大型のタイプを加え、その近くにグラス類を配置するとバランスがとりやすいでしょう。

　植えつける際には、グラス類の根鉢を崩し、コンパクトに整理して先に植えましょう。上からジュエリープランツで覆うように植えていきます。グラス類もジュエリープランツも、伸びすぎたら切り戻しや株分けをして整えると、長期間美しいままで観賞できます。

1 Sトリカラー
2 S斑入りマルバマンネングサ
3 Sブルブレウム
4 Sアクレ・オーレウム
5 フェスツカ・グラウカ
6 Grp朧月

どこに置いても似合う組み合せ

用土と植えつけ

多肉植物用培養土、Sトリカラー 1株、S斑入りマルバマンネングサ1株、Sブルブレウム1株、Sアクレ・オーレウム1株、フェスツカ・グラウカ1株、Grp朧月3株、コンテナ（5号サイズ）、鉢底ネット、ハサミ、スプーン、ピンセット、箸、土入れ

1 鉢底ネットをハサミで切る。コンテナの底に鉢底ネットを敷く。

2 多肉植物用培養土を入れる。このとき、グラスの根鉢が大きいので、全体の1/2くらいの量までにする。

3 土を入れ終わったところ。左側のグラスを植えるところは、根鉢の底が深くなるようにしておく。

Ⅱ　ワンランク上の愉しみ方

4 先に根鉢のかさばるグラスから植える。株元を持って、やさしく逆さにし、ポットから苗を静かに抜く。

5 長く回っている根をハサミで切り取り、高さ1/2程度まで取り除く。根鉢の上側はあまり崩さない。

6 根鉢の下側と側面の固まっているところを箸で突き崩して余分な根や土を落とし、コンパクトに整理する。

7 コンテナに苗を植え込み、上から株元の周囲を指でしっかり押さえ、用土と根鉢を隙間なくなじませる。

8 朧月の苗をポットから抜き、根鉢を崩して周囲の土を落とし、根鉢を低く小さく整える。

9 朧月の苗をグラスの隣に配置し、グラグラしないように押さえ、用土にしっかり植え込む。

10 ほかの朧月の苗も配置し、根鉢の隙間に土を入れて安定させ、土が器の縁から3cm程度下がるように。

11 横に広がるセダムをポットから抜いて根鉢を整理して植え込む。高さがバランスよく収まるように調整。

12 コンテナの幅に合わせて隙間なく植えるために、セダムを根鉢から2つに分ける。あまり細かく分けない。

13 株分けしたセダムは、箸を使って植え込む。同様に残りの1株も株分けし、全体が覆われるように植える。

14 苗と容器の間に隙間ができないように、スプーンで少しずつ土を足し、箸で突いてから隙間に土を足す。

——完成

Wall hanging of Jewelry Plants

土が少なくても乾燥に強いジュエリープランツの長所を活用して、アートのような壁掛けをつくってみましょう。

5. 多肉植物の壁掛け

　草花に比べて、根鉢の大きさがかなり少なくても育つジュエリープランツ。乾燥に強いものが多いので、水ゴケなどを補助的に使って、生きたままの姿を壁掛けにすることもできます。

　土台にするのは、市販のワイヤー製の枠のほか、流木の中身をくりぬいたものや陶製、ブリキ製など、いろいろな種類が流通しています。飾る場所や置き方も考慮して、長期間楽しめる作品にしましょう。

　また、植えるものは枠との調和を考えて、ポイントになる大型の葉のタイプを絞り込み、枠との隙間を葉の細かいセダムなどで埋めるようにします。主役と脇役、葉の大小、葉の色のメリハリをつけて選ぶのが、きれいにつくるためのポイントです。いろいろなタイプをごちゃごちゃと詰め込まないようにしましょう。

ミセバヤの花が飛び出す！　野趣のある木の枠
1 Ecピーチプリデ　2 Hyミセバヤ　3 Sオノマンネングサ　4 Sドラゴンズブラッド　5 Sダシフィルム　6 Sゴールデンカーペット

II　ワンランク上の愉しみ方

木製の台に、おしゃれで小さなタブロー

1 Grp秋麗　2 Sバリダム　3 Grsブロンズ姫　4 S虹の玉　5 Sプロリフェラ　6 Sオーロラ　7 Sオノマンネングサ　8 Seハートカズラ

ブリキのキャンバスに描かれた絵画のよう

1 Cr火祭り　2 S薄化粧　3 Crパンクチュラータ　4 S黄麗　5 Crヤコブセニー　6 Sドラゴンズブラッド　7 Sマルバマンネングサ　8 Sバリダム　9 Se斑入りグリーンネックレス

フォーマルな庭に飾りたい、瑞々しい緑の葉

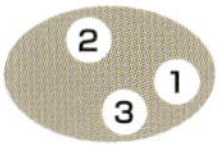

1 Semアロンオア　2 S斑入りマルバマンネングザ　3 Seグリーンネックレス

Wall hanging of Jewelry Plants

テラスに主役級の豪華さ、生きている宝石のような壁掛け。市販のワイヤー製の枠ですてきに仕上がります。

多肉植物の壁掛けのつくり方

　市販の枠を使って、テラスやエントランスにずっと飾りたくなる壁掛けをつくりましょう。ジェリープランツの魅力が、いつも身近で楽しめます。

　枠のへこんだ部分に湿らせた水ゴケを詰めて、中央には結着剤入りの用土を入れ、根鉢をコンパクトに整理した苗を差し込むように植えつけます。

　デザインのベースになるのはセダムですが、2〜3種類は迫力のある大きな葉を入れ、色に特徴がある中型のものをポイントに加えます。このとき、大きなアクセントになる種類は、できるだけ真ん中を避け、左右いずれかに少し寄った位置を選んでアシンメトリーに植えるのがポイント。また、外枠が自然に隠れるように、縁の際に広がるタイプや下垂するタイプを配置すると、一体感のある仕上がりになります。

葉色の美しさが際立つ！
立体感を楽しむ壁掛け

1 Ec白鳳　2 Ecロッティー　3 S春萌　4 Ka月兎耳　5 Sケープブランコ　6 S虹の玉　7 Sゴールデンカーペット　8 Sコーラルカーペット　9 Crクーペリー

用土と植えつけ

ネルソル（結着剤入り用土）、残土入れ、水ゴケ、Ec白鳳 1株、Crクーペリー1株、Sゴールデンカーペット1株、S春萌2株、S虹の玉1株、Ka月兎耳1株、Ecロッティー1株、Sケープブランコ1株、Sコーラルカーペット1株、Sモリムラマンネングサ1株、内幅25cmのワイヤーリース台、スプーン、ピンセット、箸

1 湿らせて軽く水を切った水ゴケを、枠の底面にしっかり敷き、約1cmの均一な厚みに隅まで詰める。

2 側面の立ち上がりにも、同様に1cmの厚みに水ゴケを敷き詰める。4面すべての側面の内側に詰める。

3 結着剤入り用土（ネルソル）を水で湿らせて練り、一握りずつまとめて水ゴケの中央に隙間なく詰める。

Ⅱ　ワンランク上の愉しみ方

4 土の間に空洞ができないように注意し、8分目くらいの高さに隅までネルソルを詰め、表面を平らにする。

5 ポイントになる大きめの苗をポットから抜き、根鉢を崩して土を箸で掻き出し、ほとんど取り除く。

6 長く伸びた根を、根元の中心部分にグルグルと巻いて小さくまとめ、円柱状に固める。

7 箸でポイントになる苗を植えたい位置に穴をあける。植える根鉢の大きさに合わせ、小さめの穴にする。

8 ピンセットで苗の根を挟み、穴に深くしっかりと苗を差し込み、両側から指で土を寄せて動かないようにする。

9 セダムを株分けする。土を落として底から根を確認し、根が自然に分かれているところで1/3〜1/2に分ける。

10 株分けしたら、根鉢がバラバラにならないように押し固め、中に植えて左右から土を寄せて固定する。

11 大きめの苗を植えるときは、箸や指で土に穴をあけておく。穴が大きすぎると苗がぐらつくので注意。

12 ピンセットを使って差し込むように植えつける。沈んでいるものは引き上げてから、指で土を寄せる。

13 ネルソルが足りなくなって苗と苗の間に隙間ができたら、少量を丸めたものを足し、指で間に詰める。

14 枠の際は隙間をつくらない。外側に飛び出すような向きで、隅までピンセットで苗を差し込む。

——完成

Hanging flowerpot & Holder

ちょっとしたスペースでも気軽に楽しめる吊り鉢やプランツホルダー。垂れるタイプや広がるタイプを取り入れましょう。

6.多肉植物の吊り鉢とプランツホルダー

　庭やテラスのちょっとしたところでも、ほっとする情景を演出できるのが吊り鉢やプランツホルダー。乾燥に強いジュエリープランツでつくるとメンテナンスの手間がかからず、長期間楽しめます。

　吊り鉢やアイアン製のプランツホルダーも販売されていますが、ブリキの缶や古びたテラコッタをワイヤーでくくり、フックで吊り下げるだけでも、素朴で雰囲気のある吊り鉢に。底穴のない容器を使うときは、根腐れ防止剤を入れましょう。

　デザインのポイントは、這うタイプや垂れ下がるタイプ、横に広がるタイプなどをアクセントに取り入れて、下や側面から見たときにジュエリープランツがこぼれ出すように仕上げるとすてきです。また、ロゼット形や立ち上がるタイプも1種類は加え、主役にすると見栄えがします。

ブリキの寄せ鉢型でシックな吊り鉢

1 Ecドント　2 Sコーラルカーペット
3 Ceハートカズラ
4 Ecマホガニーローズ　5 S斑入りマンネングサ　6 Crパンクチュラータ　7 Sドラゴンズブラッド

真っ赤なブリキ缶で壁面をかわいく

1 Cr紅稚児　2 Crサルメントーサ　3 Otルビーネックレス

Ⅱ　ワンランク上の愉しみ方

シックな色合い、流れるようなグリーン

```
  4 3
 5 2
  1 6
```

1 Ecサブリギダ　2 Ec高砂の翁　3 Crサルメントーサ　4 Cr火祭り　5 Crボルゲンシス　6 Seグリーンネックレス

身近に置きたい、シンプルな白いホルダー

```
  4 5
 3
 2 1
```

1 S春萌　2 Ceハートカズラ　3 Ka不死鳥錦　4 Crヘアリー　5 Sマルバマンネングサ

ラフなテラコッタで表情豊かに

```
  3 2
 4 5
  6 1
```

1 Grp朧月　2 Kaうさぎの赤ちゃん　3 Ae黒法師　4 Sレフレクサム　5 Sケーブブランコ　6 Ceハートカズラ

スモーキーな色合い、質感にこだわる

```
  3
 2
 5 1 4
```

1 Kaうさぎの赤ちゃん　2 S銘月　3 Crクーペリー　4 Otルビーネックレス　5 S斑入りマルバマンネングサ

39

Hanging flowerpot & Holder

鳥かごみたいな形がかわいいアイアン製のプランツホルダー。
一度は飾ってみたい、おしゃれなスタイルです。

多肉植物のプランツホルダーのつくり方

　プランツホルダーの中でも、ロマンチックな雰囲気で人気なのは、アイアン製の鳥かご形。このかわいい器を見たら、だれでも一度はジュエリープランツをこぼれるように植え込んでみたいと思うでしょう。

　植えつけるときのポイントは、どの方向から見てもジュエリープランツがかわいらしく見えるように、外側に向けて苗を植えつけます。垂れ下がったり枠から外に飛び出したりと、動きのある草姿をもつ種類を取り入れましょう。ハンギングバスケットと同様に、植物を植えつけた面や枠が隠れるようにするとナチュラルな印象に。

　また、長期間つるしておくので、できるだけ軽く仕上げることも大切です。根鉢の土は苗に負担がかからない程度にしっかりと落とし、用土はできるだけ軽いものを使います。

1 Semロスマンテル
2 Sマルバマンネングサ・ゴールド　3 Ka白銀の舞　4 Seグリーンネックレス　5 Sオーロラ　6 Euリギダ　7 Kaリンリン

バラエティー豊かな葉色と形を集めて

用土と植えつけ

多肉植物用培養土、ゼオライト、残土入れ、Kaリンリン1株、Semロスマンテル1株、Ka白銀の舞1株、Sマルバマンネングサ・ゴールド 1株、Crパンクチュラータ1株、Sドラゴンズブラッド1株、Sオーロラ1株、S薄化粧1株、Crサルメントーサ1株、Seグリーンネックレス1株、Euリギダ1株、プランツホルダー、ハサミ、スプーン、ピンセット、箸、土入れ

1 プランツホルダーが揺れないように固定し、底が隠れるくらいの厚さにゼオライトを敷く。

2 正面を前にして、植えつける苗を並べて配置し、全体のバランスを見る。

3 ポットから苗を静かに抜き、根鉢を崩してできるだけ土を落とし、コンパクトに根をまとめる。

Ⅱ　ワンランク上の愉しみ方

4 株元に枯れた葉や、傷んで茶色くなった葉があったら、丁寧に取り除いておく。病害虫の予防にもなる。

5 根の土を落としてコンパクトにした苗を、手前から順番に外側に向けて配置。外に出すように植えていく。

6 苗の根鉢をポットから抜いて根鉢を崩し、土を落として軽くしたものを、配置した順番に植え込んでいく。

7 花が咲いているものは、フレームから外側に花が出るように斜めに植える。

8 高さがあるものは、やや中央に近い位置に配置。フレームから葉が飛び出すように斜めに植えつける。

9 どの方向から見てもきれいに見えるように、すべての苗が外側を向くように植える。

10 高さがアクセントになるユーフォルビアは、やや立てぎみにしたまま、外側に向けて植えるとよい。

11 ぐるっと1周の植えつけが済んだら、苗の根の間に土入れで用土を足す。隙間なく土を入れる。

12 箸を使って、隅々まで隙間がないように土を詰める。揺れるので手を添えて作業するとよい。

13 垂れるタイプの苗の根を整理したものを、ピンセットで用土に深く差し込む。株元を押さえて固定する。

14 用土が足りない小さな隙間にはスプーンで用土を足し、箸で突いて用土と根をよくなじませる。

―― 完成

41

Column 2
多肉植物に咲く花

丸い葉の間から開く、愛らしく鮮やかな花

「葉の色や形を楽しむものと、花を期待していなかったら、予想外の可憐な花が咲いて驚いた」という人もいるのではないでしょうか。

多くの多肉植物は、株が十分成熟すると開花するようになり、春か秋に花が咲くものが多くあります。

繁殖したばかりの小さな株は開花が見込めないので、よく日に当てて適度に水やりし、しっかりした株に育てると、花が咲きやすくなります。

花の咲き方はタイプによって異なりますが、咲いたときの感激はひとしおです。

左/南アフリカの砂漠で白い大きな花を咲かせるメセンの仲間。上/チベットの高山の岩肌、標高4000m付近に咲くタイトゴメの仲間。

上/花茎を伸ばしてオレンジ色の美しい花を咲かせるエケベリア'静夜'。右/春に花茎を多数立ち上げ、ピンク色の花が房咲きになるカランコエ・プミラ'白銀の舞'。

南アフリカで一面に咲く多肉植物の花々。

Illustrations of III Jewelry Plants

寄せ植えに使いたい多肉植物図鑑

**フォルムで選ぶ、
寄せ植え向きの多肉植物たち**

　伸びる、広がる、這う、垂れる…どんなフォルムをもつかによって、寄せ植えでの役割が変わります。
　本書では、寄せ植えに使いやすい多肉植物を厳選し、フォルムごとに紹介します。

エケベリア'花いかだ'

寄せ植えに使いたい多肉植物図鑑

●形や色や性状が寄せ植えに使って効果のあるものを取り上げました。配列は属名を音順に、属の中は名称の音順を基本にしてあります。

●図鑑の見方
各植物の解説は以下の順に配列してあります。
一般的な名称（和名または学名、品種名）・別名・学名欧文表記・所属する科と属・使い方のタイプ　本文（原産地、特徴、育て方のコツなど）。データは関東南部以西の平野部を標準としています。

●使い方の4タイプ
各植物は使い方別に大きく4つに分けましたが、複数の使い方があるものもあります。

メイン	主役に使いたい大きくて形のはっきりした多肉植物
サブ	脇役に欠かせない中くらいの多肉植物
ハング	ハンギングに便利なつるや細い茎を伸ばす多肉植物
カバー	よく枝分かれして広い面積を覆う多肉植物

図鑑　アエオニウム属　アプテニア属

アエオニウム
'黒法師' くろほうし
Aeonium arboreum 'Zwartkop'

ベンケイソウ科アエオニウム属
使い方：メイン

　地中海西部沿岸原産種の園芸品種。茎先に細いへら形の葉をロゼット状に広げ、とてもよく目立ちます。日当たりがよいと葉色はつやのある黒紫色になり、日当たりが悪いと緑に戻ります。越冬は0℃以上で。

暖地で地植えにするとよく枝分かれして低木状になる。

アプテニア
'ベビーサンローズ'
Aptenia cordifolia 'Baby Sun Rose'

ツルナ科アプテニア属
別名：花蔓草　はなつるそう
使い方：ハング・カバー

　南アフリカ東部原産。明るい緑の葉は尖ったへら形で、斑入り葉品種が見栄えがよく人気ですが、育てやすいのは緑葉種です。茎が長く伸びて地を這い広がり、グラウンドカバーにも利用されます。冬はやや葉が傷みます。

初夏～秋に径2cmほどの赤花をまばらに咲かせる。

エケベリア・アガボイデス
Echeveria agavoides

ベンケイソウ科エケベリア属
別名：東雲しののめ　鳳仙ほうせん
使い方：メイン

　エケベリア属はメキシコを中心として一部が中南米に原産。アガボイデスは「アガベ（リュウゼツラン）に似た」の意味で、葉先がトゲのように尖って赤く色づくのが特徴。鉢植えで出回るのは葉径5〜10cm程度ですが、地植えにすると大きくなります。越冬には5℃以上で管理します。

エケベリア金晃星きんこうせい
Echeveria pulvinata

ベンケイソウ科エケベリア属
別名：錦晃星　**使い方**：メイン

　葉や茎に多肉植物には珍しく短毛が密生し、生長するにつれ茎が伸びて立ち上がります。葉は肉厚で、寒さに当たると縁が赤く色づきます。春に長く花茎を伸ばして、先が5つに裂けたオレンジ色の筒状花を咲かせます。

エケベリア・サブセシリス
Echeveria subsessilis

ベンケイソウ科エケベリア属
使い方：メイン・サブ

　葉色はシルバーブルーで、寒さに当たると濃いピンクに色づきます。生長するにつれ周囲に子株をつけてよくふえます。鉢植えでは葉径10cmくらいですが、地植えにすると茎が立ち上がって大きくなります。

図鑑 エケベリア属

エケベリア・サブリギダ
Echeveria subrigida

ベンケイソウ科エケベリア属
使い方：メイン

　葉はうすい花びらのようで白粉を帯びます。シルバーグリーンの葉の縁に赤い彩りが入り、葉が立ち上がってつくのが特徴で、生長すると葉径20cmを超えます。寒さにはやや弱く越冬には最低5℃が必要。

エケベリア'白鳳'はくほう
Echeveria 'Hakuhou'

ベンケイソウ科エケベリア属
使い方：メイン・サブ

　ブルーグレー系のエケベリアの代表。葉は丸くぽってりした感じで白粉を帯び、寒さに当たるとうっすら赤くなります。生長が早く丈夫で育てやすい人気品種。出回るのは5〜10cmですが生長すると大きくなります。

エケベリア'トプシータービー'
Echeveria runyonii
'Topsy Turvy'

ベンケイソウ科エケベリア属
使い方：メイン

　品種名は「あべこべ」の意味で、白粉を帯びたブルーグレーの葉がそり返り、葉先がハート形に見える特異な姿。その姿ゆえ人により好き嫌いがあります。生長すると葉径15〜18cmになり、茎は立ち上がりません。

トプシータービーの母種とされるエケベリア・ルンヨニー。越冬には5℃以上必要。

エケベリア
'パールフォンニュルンベルグ'
Echeveria 'Perle von Nurmberg'

ベンケイソウ科エケベリア属
使い方：メイン

　葉色がピンク系のエケベリアで、葉幅が広くきれいなロゼットになります。出回るのは葉径5〜10cmで生長は遅く、20cmくらいになります。寒さに当たると縁のピンクが濃くはっきりとします。

エケベリア'ピーチプリデ'
Echeveria 'Peach Pride'

ベンケイソウ科エケベリア属
別名：ピーチプリティー、ピーチプライド
使い方：メイン

　葉が丸く明るい緑色のキャベツのよう。出回るのは葉径4〜8cmですが、生長すると20cmにもなります。葉はうすく寒さに当たるとほんのり赤く色づきますが、凍るとすけるので越冬には5℃以上必要。

エケベリア
'バロンドボール'
Echeveria 'Baron Debard'

ベンケイソウ科エケベリア属
使い方：メイン

　幅広い葉にコブがあるうえ葉先から赤く色づくのでよく目立ち、人によって重厚にも奇異にも感じられ、好き嫌いが分かれます。葉径10〜15cmで出回り、生長すると大型になって立ち上がります。寒さには弱く越冬には5℃以上必要。

エケベリア紅司 べにつかさ
Echeveria nodulosa

ベンケイソウ科エケベリア属
使い方：メイン

　葉にチョコレートを溶かしたようなマーブル模様とコブのある独特の姿で、葉先が尖るタイプと丸いタイプがあります。模様は寒さに当たると色が冴えます。葉径4〜8cmで出回り、生長すると茎が立ち上がります。

エケベリア'マホガニーローズ'
Echeveria 'Mahogany Rose'

ベンケイソウ科エケベリア属
使い方：メイン

　名前のとおり全体が赤褐色に色づき、寒さに当たるといっそう濃くなります。立ち上がってよく分枝する葉径30cmになる大型品種。葉の表面には油点が散在し怪異な姿になるので、好き嫌いが分かれます。

エケベリア'大和美尼' やまとみに
Echeveria 'Yamatomini'

ベンケイソウ科エケベリア属
使い方：メイン・サブ

　締まった形のロゼットになる葉径5〜10cmの小型品種。尖った葉を密につけ、寒さに当たると外側から筋状に赤く色づきます。立ち上がらず丈低く平開するので、なるべく手前に植えて目立たせます。

エケベリア・ラセモサ
Echeveria racemosa

ベンケイソウ科エケベリア属
使い方：メイン

　へら形の葉が内側にゆるく丸まった個性的な姿。緑葉は寒さに当たると次第に赤みを帯び始め、やがて赤黒くチョコレート色に変化します。葉径5〜10cmで出回り、生長すると15cmくらいになります。

オロスタキスイワレンゲ'富士'
Orostachys iwarenge 'Fuji'

ベンケイソウ科オロスタキス属
別名：フイリイワレンゲ　使い方：メイン

日本原産で海岸の岩場に生えるイワレンゲの斑入り葉品種。明るい緑と白のストライプが目立ちます。葉径5～10cm。オロスタキスは冬に地上部が枯れて春に芽吹きますが、夏の蒸れに弱いので乾燥気味に。

オロスタキス子持ちイワレンゲ
Orostachys iwarenge v.boehmeri

ベンケイソウ科オロスタキス属
使い方：ハング・カバー・サブ

寒地の海岸に生えるイワレンゲの変種。株元からランナーをだして子株をつけます。ブルーグレーの葉色はまとめてカバーに使うと効果的。手前に植えてランナーを垂らして変化をつけるなど使い勝手のよい人気ものです。

オロスタキス玄海イワレンゲ
Orostachys genkaiense

ベンケイソウ科オロスタキス属
使い方：カバー

九州の玄界灘沿いの岩場に生えます。群生するので色面積をかせぐのに便利。オロスタキスは秋に株の中心から花茎を立ち上げて小花を群開すると枯れます。夏の蒸れに弱いので、通風のよい場所で乾き気味に育てます。

カランコエ扇雀 せんじゃく
Kalanchoe rhombopilosa

ベンケイソウ科カランコエ属
別名：姫宮ひめみや　使い方：メイン

　カランコエ属はマダガスカルを中心に原産し、形態はさまざま。本種は明るい灰色の扇子のような葉形と茶色の斑点がユニーク。ただし夏の蒸れと冬の寒さに弱く、出回り量も少ないので、ここぞというところに使います。

カランコエ月兎耳 つきとじ
Kalanchoe tomentosa

ベンケイソウ科カランコエ属
別名：パンダプラント　使い方：メイン

　兎の耳のような葉も茎も白い軟毛で覆われたフェルト状で、ぴったりのネーミングです。ふちは葉先から半分がギザギザになり、茶色で彩られます。丈夫で蒸れにも寒さにも強く、生長すると立ち上がってよく枝分かれします。

カランコエ'不死鳥'
Kalanchoe 'Husityou'

ベンケイソウ科カランコエ属
使い方：サブ

　カランコエの子宝弁慶と錦蝶の交雑種。写真は子株ですが、生長すると茎が10〜60cmに伸びて、黒い縞模様のある肉厚の葉をたくさんつけ、そのふちには子芽がびっしりとつきます。葉にピンクの斑が入る'不死鳥錦'もあります。

ピンクの斑入り品種の'不死鳥錦'。ピンクの子芽がにぎやかにつく。

クラッスラ・クーペリー
Crassula coopri

ベンケイソウ科クラッスラ属
別名：乙姫　　使い方：サブ・カバー

　クラッスラ属は南アフリカを中心に原産し形態は多様。本種は赤紫色の葉の表に緑の釉薬をかけたような質感が人気です。群生して5cmほど立ち上がり、夏にピンクの小花を咲かせます。クラッスラは全体に越冬には5℃以上必要です。

クラッスラ・サルメントーサ
Crassula sarmentosa f.variegata

ベンケイソウ科クラッスラ属
使い方：サブ

　茎を伸ばして縁がギザギザに切れ込んだ葉を対生させます。出回るのはつやのある緑葉に黄色またはクリーム色の外斑の入ったもので、生長が早く60cmくらいになります。日当たりを好み、日当たりが悪いと葉色が冴えません。

クラッスラ十字星
Crassula perforata v.variegata

ベンケイソウ科クラッスラ属
使い方：サブ

　交互に並んだ舟形の葉の中心に細い茎が突き抜けるタイプのクラッスラの代表種。上に伸びながらところどころで2つに分かれ、上部が重たくなると倒れます。面白い姿ですがメインでなくサブの扱いです。斑入り品種もあります。

原産地の南アフリカで岩の斜面に群落をつくる突き抜きタイプのクラッスラ。

クラッスラ・パンクチュラータ
Crassula panctulata

ベンケイソウ科クラッスラ属
別名：プルイノーサ　**使い方**：サブ

　銀色の粉を帯びたくすんだグリーンの米粒のような葉が、赤い茎にびっしりとついたかわいらしいクラッスラです。群生して株立ちしますが、横には広がりません。よく似たものにセダムのブレビフォリウムの立ち性があります。

クラッスラ'火祭り'
Crassula'Himatsuri'

ベンケイソウ科クラッスラ属
使い方：サブ

　尖った葉が交互にびっしりとつき、やや立ち上がってにぎやかな姿になります。寒さに当たると葉が赤くなり、日当たりがよいといっそう色が冴えます。春になって気温が上がると緑に戻ります。よく似た別品種が多数あります。

クラッスラ・ブロウメアナ
Crassula browmeana

ベンケイソウ科クラッスラ属
別名：ペキュリアリス　**使い方**：ハング

　赤い茎がよく枝分かれして、地面を這ったり枝垂れたりして、セダムの仲間に似たふんわりとした株姿になります。丸い葉と茎にも微毛が生えてソフトな感じです。一見すると弱そうですが丈夫でよくふえて、白い小花を咲かせます。

クラッスラ紅稚児 べにちご
Crassula radicans

ベンケイソウ科クラッスラ属
使い方：サブ

　暖かいとグリーンですが、日当たりのよい場所で寒さに当たると葉が真っ赤に色づきます。へら形の葉をつけて、生長すると5cmくらい立ち上がり、長い花茎を伸ばした先に金平糖のような形の花房をつけ、白い小花を咲かせます。

クラッスラ・ボルゲンシス
Crassula volkensii

ベンケイソウ科クラッスラ属
別名：ボルケンシー　**使い方**：サブ

　クーペリーによく似ますが、葉がより小さくて地面を這い広がり、こんもりとした茂みになります。葉は先の尖った卵形で、くすんだ灰緑色の地に紫の斑点が散在します。使い勝手がよく一株で色の変化がつくのでおすすめです。

シノクラッスラ天竺(てんじく)
Sinocrassula densirosulata

ベンケイソウ科シノクラッスラ属
別名：立田鳳(たつたほう)　**使い方**：サブ・

　大きくなると立ち上がる、セダムのような姿になります。葉に赤い斑模様が入る点でクラッスラと区別されているようです。寒さには関係なく最初から赤く、真っ赤にはなりません。小苗のうちは低いのですが、1年くらいで立ち上がります。

クラッスラ若緑(わかみどり)
Crassula lycopodioides
v.pseudolycopodioides

ベンケイソウ科クラッスラ属
使い方：サブ

　特異な姿は多肉植物の仲間でも唯一無二の存在。細かく重なり合った鱗片状の葉が立ち上がり、普通のグラス類のように見えます。切って挿せばよくふえ、放っておけば高さが20cmくらいになります。葉は周年緑のままです。

原産地南アフリカで岩陰で灌木と一緒に生える若緑の仲間。

Ⅲ　寄せ植えに使いたい多肉植物図鑑

図鑑　クラッスラ属　シノクラッスラ属

図鑑　グラプトセダム属　グラプトペタルム属　コチレドン属

グラプトセダム'ブロンズ姫'
×Graptosedum 'Bronze'

ベンケイソウ科グラプトセダム属
使い方：サブ

　グラプトセダム属はグラプトペタルム属とセダム属の植物を交配したものです。ブロンズ姫は葉色が名前のとおりブロンズ色の人気種で、葉径5～10㎝と小型。ピンクの斑が入る品種に'ピーチ姫'があります。

グラプトペタルム朧月 おぼろづき
Graptopetalum paraguayense

ベンケイソウ科グラプトペタルム属
別名：グラパラリーフ　**使い方：メイン**

　メキシコ原産で昭和初期に導入され、露地植えにできる強健種。葉径10～15㎝の中型で、茎が伸びて立ち上がるためメインになります。よくふえるので、グラパラリーフの名で健康野菜として利用されます。

コチレドン
銀波錦 ぎんぱにしき
Cotyledon undulata

ベンケイソウ科コチレドン属
使い方：メイン

　南アフリカ原産。縁が波打ったうちわのような葉も茎も白粉を帯びて、青っぽい銀色に見えます。生長すると60㎝を超えて大きくなるので、小さいうちは使えます。熱の蒸れには強く、越冬に5℃は必要です。

南アフリカの岩だらけの乾燥地に生えるコチレドン阿房宮（あぼうきゅう）。

セダム・アクレ'オーレウム'
Sedum acre 'Aureum'

ベンケイソウ科セダム属
別名：アクレ'エレガンス'
使い方：カバー

　セダム属は北半球の温帯から熱帯に広く原産。アクレは欧州万年草とも呼ばれヨーロッパと北米原産で、地面を這ってマット状になり夏に黄色い小花を咲かせます。オーレウムは黄斑入り葉の人気品種。ヨーロッパ原産種は寒さに強いものが多く、−5℃にも耐えますが、夏の蒸れに弱いので注意します。

オノマンネングサ 斑入り
雄の万年草
Sedum lineare f.variegatum

ベンケイソウ科セダム属
別名：姫笹　**使い方**：カバー

　日本原産で山野の岩上に群生。少し立ち上がってから横に這うので、こんもりとした茂みになります。出回るのは笹のような葉の外側に白い斑（覆輪）が入る変種で、寒さにも乾燥にも強く、生長も早いのでよくふえます。

セダム・オレガナム
Sedum oreganum

ベンケイソウ科セダム属
使い方：カバー

　北米太平洋岸の高地に原産。赤い茎が10cmほど立ち上がってから横に這い広がり、先にロゼット葉をまばらにつけます。葉は寒さに当たると赤黒くなりますが、紅葉というほどではありません。曲がりくねった茎に動きがあります。

セダム'オーロラ'
Sedum rubrotinctum 'Aurora'

ベンケイソウ科セダム属
別名：宇宙錦　使い方：サブ

　メキシコ原産の虹の玉の葉に斑が入る園芸品種。母種の虹の玉は長い球状の葉が寒さに当たると真っ赤に色づきますが、本種はピンクに色づきます。夏の蒸れには強いのですが、寒さにやや弱く0～5℃以上で管理します。

昔からの人気品種の虹の玉。日当たりがよいと葉色が冴える。

セダム'ケープブランコ'
Sedum spathulifolium 'Cape Blanco'

ベンケイソウ科セダム属
別名：白雪ミセバヤ　使い方：カバー

　北米西部原産のスパスリフォリウムの園芸品種。白粉を帯びたシルバーグレーのロゼット葉が美しいので人気。やや立ち上がりますが、横にはあまり広がりません。夏の蒸れに弱いので乾燥気味に保ちます。

セダム'コーラルカーペット'
Sedum album 'Coral Carpet'

ベンケイソウ科セダム属
使い方：カバー

　ヨーロッパ南部、北アフリカ、西アジア原産のアルブムの園芸品種。茎が低く這ってカーペット状になり、寒さに当たると赤く色づき、暖かくなると緑葉に戻ります。たいへん丈夫で、葉つきはまばらですがよく枝分かれします。

セダム'ゴールデンカーペット'
Sedum 'Golden Carpet'

ベンケイソウ科セダム属
別名：ゴールドモス　　**使い方**：カバー

　モリムラマンネングサの園芸品種で、黄色いコケのように這い広がります。葉色は周年変化せず、むらなく均一に広がるので便利です。寒さには強いものの夏の蒸れに弱いので乾燥気味に。

セダム'春萌'　しゅんぽう
Sedum 'Alice Evans'

ベンケイソウ科セダム属
別名：アリス・エバンス　　**使い方**：サブ

　一見するとエケベリアのような姿で、透きとおるような緑色がすてきな園芸品種。生長すると立ち上がって枝分かれします。葉が色づくことはなく、私は「はるもえ」と呼んでいます。越冬には0〜5℃以上必要です。

タイトゴメ　大唐米
Sedum oryzifolium

ベンケイソウ科セダム属
使い方：カバー

　日本原産で海岸の岩場に生えます。茎が地を這って枝分かれし、茎先に米粒のような葉が筒状に重なって起き上がります。色は緑で周年変わりません。性質はたいへん丈夫。ビックアルブムの名で出回るものとよく似ています。

図鑑　セダム属

セダム'ドラゴンズブラッド'
Sedum spurium 'Dragon's Blood'

ベンケイソウ科セダム属
使い方：カバー

　コーカサス北西部、アルメニア原産のスプリウム（別名：コーカサスキリンソウ）の園芸品種。茎が地を這ってよく枝分かれし、縁が波打ったブロンズ色の美しい丸い葉をロゼット状につけます。寒さに強く夏も丈夫です。

セダム'トリカラー'
Sedum spurium 'Tricolor'

ベンケイソウ科セダム属
使い方：カバー

　スプリウムの葉の縁に白またはピンクの斑が入った園芸品種。茎が5cmほど立ち上がって横に広がり、カーペット状に地面を覆います。葉色は寒いと冴えますが、暖かくなっても色は変わりません。夏も冬も丈夫です。

セダム'パープルヘイズ'
Sedum dasyphyllum v. granduliferum 'Purple Haze'

ベンケイソウ科セダム属
別名：ビッグデジー
使い方：カバー

　ヨーロッパ、北アフリカに原産するダシフィルムの園芸品種。葉の粒が大きく、寒さと日によく当たると紫色に色づきます。米粒が固まったような葉に微毛が生えてかわいらしいのですが、流通は多くありません。

'パープルヘイズ'より葉が小さいダシフィルム'。

セダム・プラエアルツム
Sedum praealtum

ベンケイソウ科セダム属
使い方：サブ

　メキシコ原産。出回るのは5cmくらいですが、生長すると20〜30cmに立ち上がって枝分かれし、枝先に卵形の葉のロゼットを形成します。夏も冬も強く丈夫で、寒さに当たると葉の縁がほんのりと赤く色づきます。

セダム・ヒスパニクム'プルプレウム'
Sedum hispanicum'Purpleum'

ベンケイソウ科セダム属
別名：ウスユキマンネングサ　**使い方**：カバー

　パキスタンからコーカサス地方原産のヒスパニクムの園芸品種。地際で分かれて立ち上がり、青緑色の小さい葉を密生して、寒さに当たると紫色に色づきます。寒さに強いが夏の蒸れに弱いので乾燥気味に。

マルバマンネングサ'ゴールド'
Sedum makinoi'Gold'

ベンケイソウ科セダム属
使い方：カバー

　日本原産のマルバマンネングサの黄金葉品種で、セダムで黄色い葉は'ゴールデンカーペット'とこの2つだけ。色は周年変化しません。赤い茎に丸い葉をつけてこんもりとした姿になり、人気があります。性質は丈夫です。

マルバマンネングサの白覆輪（緑の葉の縁に白色の斑が入った品種）も人気がある。

図鑑　セダム属

マツノハマンネングサ
松の葉万年草
Sedum hakonense

ベンケイソウ科セダム属
使い方：カバー・サブ

　日本原産で山地に生えます。尖った葉を上向きにつけた茎が立ち上がり、松というよりコニファーのよう。葉色はくすんだ緑で、寒さに当たるとうっすらと赤く色づきます。寒さには強いものの夏の蒸れには弱いので注意。

モリムラマンネングサ
森村万年草
Sedum uniflorum ssp.japonicum f.morimurae

ベンケイソウ科セダム属
使い方：カバー

　日本原産のメノマンネングサの変種。たいへん丈夫で放っておいてもよくふえ、コケのように地面を這い広がるので、広い面積を覆うのに適しています。'ゴールデンカーペット'は本種の黄色葉品種です。

セダム'リトルジェム'
Sedum 'Little Gem'

ベンケイソウ科セダム属
使い方：カバー、サブ

　小型のエケベリアに似たセダム。わきからよく子芽を吹いて群生するので狭い面積のカバーに適し、生長すると少し立ち上がるのでサブにも用います。寒さに当たるとうっすらと赤く色づきます。

セネシオ
グリーンネックレス 斑入り
Senecio rowleyanus f.variegata

キク科セネシオ属

別名：緑の鈴　**使い方**：ハング

　ナミビア南部原産。つるで這ったり垂れ下がり、地につくと発根します。葉は球状で一筋の透明な窓があります。白またはクリーム色の斑入りが人気。半日陰が適し、夏は強いが越冬には5℃は必要です。

南アフリカで灌木の茂みの下でつるを這わせるセネシオの弦月。

オトンナルビーネックレス
Othonna capensis 'Ruby Neckless'

キク科オトンナ属

別名：紫月しげつ　**使い方**：ハング

　南アフリカ原産で、セネシオ属に分類されることもあります。紫色の茎を這い伸ばして尖った紡錘状の葉をつけ、寒さに当たると葉が赤紫に色づきます。日によく当てて乾燥気味に保つと色が冴えます。越冬は5℃に。

セロペギアハートカズラ 斑入り
Ceropegia woodii f.variegata

ガガイモ科セロペギア属

別名：ラブチェーン　**使い方**：ハング

　南アフリカ東南部原産。地下にムカゴのようなイモができ、細長い茎を伸ばしてハート形の葉をつけます。シルバーグレーの葉に白やピンクの斑が入り、裏が赤で変化がつきます。越冬は5℃必要です。

センペルビブム Sempervivum

ベンケイソウ科センペルビブム属

　センペルビブム属はヨーロッパとアジアの山地に自生。尖ったへら形の葉でロゼットを形成し、盛んに子芽を吹いてマット状に群生するタイプはカバーに、大きくなるタイプのものはメインに用います。どれも寒さには抜群に強いものの、蒸し暑さには弱くとろけてしまうので、夏は乾燥気味に管理するのがコツ。

センペルビブム'ダックモール'
Sempervivum'Duckmole'

使い方：メイン

　夏はグリーンですが、寒さに当たると赤黒いシックな色合いになる赤いセンペルビブムの代表品種。生長すると葉径10cmを超える大型タイプです。名前はカモノハシの意味。

センペルビブム'シャンハイローズ'
Sempervivum'Shanghai Rose'

使い方：メイン

　園芸品種で葉先に入る茶褐色の縁どりが特徴。通常は葉径5〜10cmですがもっと大きくなります。子芽を吹きますが大きなものは単株にしてメインに用います。

センペルビブム'巻絹'まきぎぬ
Sempervivum arachnoideum

別名：クモノスバンダイソウ　**使い方**：カバー

　ヨーロッパ原産。葉径5cmほどの小型で、クモの巣のように葉先に糸が絡み真っ白になるのが特徴。たいへん丈夫で群生し屋外栽培されています。

センペルビブム'モーニングバード'
Sempervivum'Morningbird'

使い方：カバー

　葉径3〜4cmの小型で大きくならず、周りに子芽を吹いて群生するタイプの代表品種。夏の蒸れにとくに弱いので、雨のかからない場所で完全に水を切ってしまうこと。

ハオルシア・オブツーサ
Haworthia obtusa

ユリ科ハオルシア属
使い方：メイン

　南アフリカ原産。葉先に透明な部分があって、さまざまな模様が個性的なジュエリープランツの代表。秋〜春に生長し蒸し暑さに弱いので、夏は乾燥気味に管理します。寄せ植えのメインに用います。

パキフィツム・フーケリー
Pachyphytum hookeri

ベンケイソウ科パキフィツム属
別名：群雀むらすずめ　**使い方**：メイン

　メキシコ原産。エケベリアに似ますが葉がコロンと丸く、全体に白い粉を帯びてかわいらしい姿です。葉色はシルバーブルーですが、寒さに当たるとうっすら赤く色づきます。越冬は最低5℃くらい必要です。

パキベリア・グラウカ
×Pachyveria glauca

ベンケイソウ科パキベリア属
使い方：メイン

　パキフィツム属とエケベリア属を交雑した品種で、古くから導入されましたがエケベリアとして扱われていたようです。姿もエケベリアに似ますが、ぽっちゃりした感じで葉先が赤くなるのが特徴。越冬は0℃以上に。

葉が帯びる白粉を霜にたとえたパキベリアの園芸品種'霜の朝'しものあした。

ミセバヤの垂れ下がるタイプの斑入り葉品種。

北海道日高と十勝の海岸の岩上に生えるヒダカミセバヤ。

ミセバヤ
Hylotelephium sieboldii

ベンケイソウ科ムラサキベンケイソウ属
使い方：サブ

　日本原産で古くから栽培されてきました。葉は丸く縁がギザギザに小さく波打ちます。茎が立ち上がるタイプと垂れ下がるタイプがあり、独特の姿になります。この仲間はどれもかわいらしい萌芽をサブとして用います。ミセバヤと名がつく別種にヒダカミセバヤ、カラフトミセバヤがあります。

北海道とサハリンの山地に生えるカラフトミセバヤ。

ムラサキベンケイソウ 'パープルエンペラー'
Hylotelephium 'Purple Emperor'

ベンケイソウ科ムラサキベンケイソウ属
使い方：サブ

　ヨーロッパ中北部からシベリアを経て日本まで分布するムラサキベンケイソウの紫色葉品種。冬に地上部が枯れますが、春に芽をだして生長し高さ60cmとなって、初夏にピンクの房状の花をつけます。冬に地上部が枯れて春に出てくる新芽が見どころです。葉色がブルーグレーの品種'レディーアン'もあります。

高さ20〜30cmになる人気品種の'レディーアン'。

図鑑　ムラサキベンケイソウ属

Making Friends with IV Jewelry Plants

ジュエリープランツと友達になる

ジュエリープランツを育ててみよう

　丈夫で育てやすいジュエリープランツですが、いくら強健だといっても、やっぱり植物。インテリアのように部屋に閉じ込めたままだと、弱ってしまいます。

　ジュエリープランツのことをもっと知ると、きれいな寄せ植えをつくるちょっとしたコツがわかったり、長く美しい状態で管理することができるようになります。

　故郷のこと、好きな生育環境のこと、手軽なふやし方など、ジュエリープランツと仲良しになるヒントを集めました。

＊ 巻末の店舗のデータなどは、2013年1月現在のものです。

アエオニウム

ジュエリープランツとは

コチレドン
銀波錦

グラプトペタルム
朧月

多肉植物の断面

エケベリア　錦の司
中心に水分を含んだ透明な組織の層がある。

セダム　オーロラ
中心に透明な筋があり、水分を含んだ細胞の粒が大きい。

乾燥に耐えるために葉の形や機能が進化した植物

「ジュエリープランツ」は、一般に多肉植物といわれているものが多く、これらは厳しい乾燥した環境に適応するために、肉厚な葉や茎に水分を蓄えた植物の総称です。

原種だけでも1万種以上あるといわれ、交配種や交雑種も加えると2万種以上になるとされます。さらに、毎年、次々と新品種も発表され、流通名と品種名が異なるものもあります。

多肉植物は、形態的な特徴からグルーピングされているので、その範疇には、ベンケイソウ科、キク科、ツルナ科、トウダイグサ科など、50以上の科の植物が含まれます。

本来、多肉植物にはサボテンも含まれますが、キラキラとして宝石のような植物をさすジュエリープランツには、トゲのあるサボテンは含みません。

乾燥に強いため、丈夫で育てやすく、水やりの手間も少ないのが、ジュエリープランツの特徴です。そのため、寄せ植えも自由度が高く、どんな形の器にも植えやすくて長期間楽しめるのが魅力です。

Ⅳ　ジュエリープランツと友達になる

光を集める「窓」

多肉植物は日当たりが好きなものが多い。光を求めるために、「窓」といわれる透明な部分をもっているものもある。

左：ハオルシア・オブツーサ
先端の透明な部分で光を集めて育つ。
下：セネシオ・斑入りグリーンネックレス
球状の中心部に、透明な三日月形の「窓」がある。

いろいろなタイプがある

カランコエ　月兎耳
全体が白く細かい毛で覆われている。

セロペギア　ハートカズラ
細い茎が長く伸び、葉は紫を帯びたハート形。

エケベリア　エレガンス
青みを帯びた淡い色の葉で、ロゼット型の株。

セダム　虹の玉
丸くて細長い葉がうっすら赤みを帯び、上向きにふえる。

アエオニウム　黒法師
伸びた茎の先端に、紫色で大きなロゼット型の葉をつける。

セダム　ダシフィルム
細かい葉が密になって這うように伸び、横に広がる。

ジュエリープランツの分類と分布

ジュエリープランツの分布図

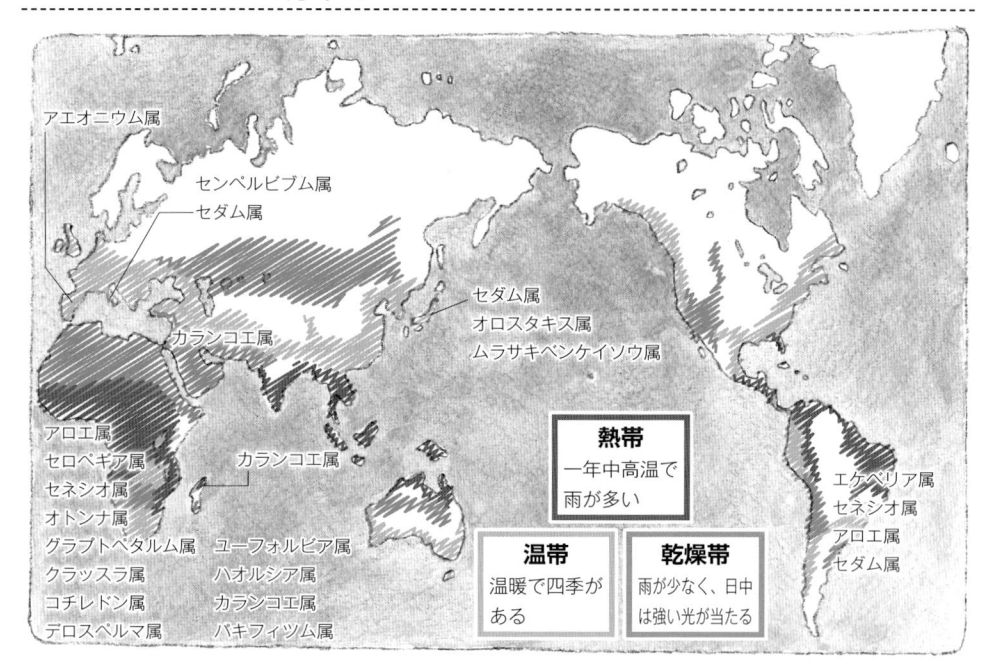

地図ラベル:
- アエオニウム属
- センペルビブム属
- セダム属
- カランコエ属
- セダム属
- オロスタキス属
- ムラサキベンケイソウ属
- アロエ属
- セロペギア属
- セネシオ属
- オトンナ属
- グラプトペタルム属
- クラッスラ属
- コチレドン属
- デロスペルマ属
- カランコエ属
- ユーフォルビア属
- ハオルシア属
- カランコエ属
- パキフィツム属
- エケベリア属
- セネシオ属
- アロエ属
- セダム属

熱帯 一年中高温で雨が多い
温帯 温暖で四季がある
乾燥帯 雨が少なく、日中は強い光が当たる

世界中に自生している多肉植物の仲間たち

　厳しい環境に適応するジュエリープランツですが、自生する分布域は広く、南アフリカを中心として、東アフリカ、中央アフリカ、中南米、マダガスカル島、東アジア、中国、日本、東ローロッパまで、世界各地にわたります。

　特に南アフリカとマダガスカル島には、多くの原種や珍しい形態の種類が多く、多肉植物の宝庫といってもよいでしょう。

　生育する地域は、気候帯で大きく3つに分けられます。乾燥帯、温帯、熱帯で、実際に多くの種類が自生するのは、雨期と乾期が交互にある乾燥帯と、その周辺部です。

　乾燥が非常に激しく、昼夜の温度差が大きい砂漠というよりも、砂漠の周辺に広がり、草丈の低い植物がやっと生えるようなサバンナ地域が、分布の中心になっています。

　温帯の中でも多くの種類があり、岩場や石だらけの平原、水が溜まらない傾斜地や高山の岩肌でも自生地を見ることができます。また、海岸の岩場や砂礫地でも、多肉植物の仲間は自生しており、水を蓄える必要がある環境に順応して進化し、多様で肉厚なフォルムになったことがわかります。

南アフリカの荒野で生育するコチレドン属の群生
ほとんど土も見えないような瓦礫で覆われた岩場でも、大きく葉を伸ばして群生する。生命力の力強さを感じさせてくれる。

おもなジュエリープランツの種類

科名	属名
アロエ科	アロエ属、ハオルシア属
ガガイモ科	セロペギア属
ベンケイソウ科	アエオニウム属、コチレドン属、クラッスラ属、シノクラッスラ属、オロスタキス属、グラプトペタルム属、エケベリア属、カランコエ属、セダム属、センペルビブム属、ムラサキベンケイソウ属、パキフィツム属
キク科	セネシオ属、オトンナ属
トウダイグサ科	ユーフォルビア属
スベリヒユ科	アナカンプセロス属
ツルナ科	デロスペルマ属、アプテニア属

ベンケイソウ科が非常に多いが、アロエ科のような元来多肉種が多い科だけでなく、キク科やツルナ科など、多くの科にわたっていることに驚く。

ジュエリープランツの草姿

栽培する種類がどう育っていくか、苗がどのようなシルエットに変化していくかを知っておくと、寄せ植えする苗を選ぶときに役立ちます。

群生するタイプ…横に株がふえて群生する
　カランコエ 月兎耳、クラッスラ 火祭り

立ち上がりながら群生するタイプ…上方向を向きながら横にもふえる
　セダム 虹の玉、コチレドン 熊童子

垂れ下がるタイプ…茎が長く伸びて垂れ、地際からもふえる
　セネシオ グリーンネックレス、セロペギア ハートカズラ

縦に伸びるタイプ…上に向かって伸びる
　アエオニウム 黒法師、グラプトペタルム 朧月

分岐して茂るタイプ…上に伸びながら分岐する
　クラッスラ・サルメントーサ、セネシオ 美空鉾

Making Friends With Jewelry Plants

ジュエリープランツの生育環境

南アフリカの広大な自生地
風化した岩が目立つ荒涼とした台地。岩と岩の間に割り込むように多肉植物が群生する。右下の人物と比較すると、大まかな規模がわかる。

**岩の間でも育つ
クラッスラの仲間**
太陽が照りつける、硬い岩のわずかな隙間にも、多肉植物が身を潜めるように生えている。

水はけがよく、乾きやすい場所
岩場や砂礫地でも育つ

　世界中に自生するジュエリープランツですが、熱帯から温帯まで広い温度域で自生しています。生育のために必要なことは何でしょうか。

　共通しているのは、岩場や砂礫地、川縁の土手の上、高山の斜面など、水はけがとてもよい場所です。そのため、雨が降っても水が溜まったり、湿ったままになっていることはありません。すぐに流れるか、乾いて蒸発してしまいます。しかし、多肉植物は水分を一時的に蓄えることができるので、次の雨が降るまでもちこたえられるのです。

他の植物が生えにくいほど
養分が少ないところ

　いずれの自生地も周囲に土が少なく、雑草も草丈が短いものが少し生える程度というくらい痩せた場所です。水はけがよいこともあり、多少の養分が流れてきたとしても、溜まることなく、すぐに流されてしまいます。

また、環境が厳しいと動物も棲息しづらいため、養分になるものが乏しく、土壌が豊かになりにくいということもあります。土そのものも少ないため、肥料分も保持できないので、痩せたままの状態です。

多肉植物はそれほど肥料を必要としないので、普通の草花や雑草が生えにくい痩せた土でも育ちます。

日当たりと風通しがよく
夏は暑くなりすぎないところ

自生地はどこを見ても日当たりがよく、明るく開けた場所で、周囲には日光を遮るものがありません。多肉植物の多くは、とても日光を好みます。また、大きな木や森のような遮蔽物も近くにないので、風も溜まることなく、よく通ります。

風がよく流れると、同時に乾燥もしやすくなるものです。しかし、この風が高温多湿な温帯地域や熱帯地域であっても夏の暑さを和らげ、多肉植物の生育を助けています。したがって、高温多湿な地域ほど、高温期の風通しが重要になります。

自生地の環境によって
生育パターンがある

北半球から南半球までのさまざまな地域に

東アジアの高山帯に群れて咲くマンネングサの仲間
4000m級の高山帯で、瓦礫と土が混ざり合う斜面。一面にマンネングサの仲間が黄色い花を咲かせ、わずかに草丈が短い高山植物が咲く。

自生するため、日本で栽培すると大きく分けて3つの生育パターンに分かれます。

夏生育型	春から秋に生長し、冬は生長を休む
冬生育型	秋から冬に生長し、夏は生長を休む
春秋生育型	春と秋に生長し、夏と冬は生長を休む

栽培する多肉植物の生育パターンを知り、それに合わせた栽培をすれば、より機嫌よく育ってくれるでしょう。

エケベリア高砂の翁綴化

多肉植物の「石化」って？

生長点の異常により、帯状につながって生長することを、「綴化」と書いて「せっか」と読みます。帯状になるので「帯化」（たいか）と呼ぶこともあります。

また、生長点が植物体の随所にできて、不定形なコブ状になることを「石化」と書き、上記と区別するために「いしか」と読みます。「獅子化」と呼ぶこともあります。

いずれも希少性があるので、愛好家の間では珍重されています。

Making Friends With Jewelry Plants

ジュエリープランツの育て方

夏以外は日当たりがよく
直接雨がかからない場所に

　1日に4時間以上は日が当たる場所で育てます。できるだけ、長時間よく日が当たるほうが健やかに生育し、日照不足になると葉の色がさえなくなり、葉がゆがんだり間伸びして草姿が乱れます。

　とくに梅雨から秋の長雨までの高温多湿期と冬の室内では、日照不足による生育不良が起きやすいので注意しましょう。

　また、自生地に比べて日本は雨が多いため、軒下のような直接雨に当たらない場所で栽培するのが最適です。梅雨時などは、1週間に3日間以上続けて雨に当たらないように注意して、庭に置いてある鉢植えなどは、天候に応じてひさしの下などに移動します。

梅雨の晴れ間と梅雨明け、
夏の直射日光は避ける

　梅雨の期間中は曇り空で雨も多く、日照不足になりがちですが、突然に晴れ間が出ると急に日差しが強くなり、葉焼けを起こします。斑入り種や葉色が淡い品種などは、葉焼けを起こしやすいので注意しましょう。

　30℃以上の高温期は、日中の直射日光を避け、できるだけ涼しい木陰などで管理します。とくに冬型の生育パターンをもつ種類は、高温に耐えられず、とろけて傷むことがあります。この期間は日照を優先させるよりも、涼しくて風通しのよい場所に移動させるほうが安全です。

　建物の壁が白や光を反射しやすい素材の場合、放射熱で予想外の高温になることがあるため、周囲に鉢を置かないようにします。

フラワーラックや花台などに置くと、日が当たりやすく、風通しもぐっとよくなるため、おすすめの置き場所。直接地面に置かないので、泥跳ねもなく、水も溜まりにくい。

チューブタイプの水差しを1つもっていると、水やりや液肥を与えるときなどに便利。葉に水が当たらず、株元の土に灌水できる。

冬は日当たりがよい室内や
霜に当たらない場所で

　多肉植物は、葉の組織に多量の水分を含むため、霜に当たったり凍結すると、人間の皮膚がしもやけになったときと同じように、葉が傷んでとろけたり、腐ったりします。

　霜が降りる前に、日当たりのよい軒下に移動するか、窓のすぐ前のような日当たりのよい室内へ移すか、日中は暖かい日なたに出しておき、夜だけ室内に取り込むなど、いずれかの方法で保護します。

　室内に取り込んだ場合は、暖かく晴れた日は外に4時間以上出して日に当てて、夜になったら室内に戻すようにします。

植え替えや切り戻しは
サインを逃さず適期に行う

　鉢底穴から根が出てきたら、根がいっぱいに回っているサインです。そのままにしておくと根腐れを起こして枯れることがあります。一回り大きな鉢に植え替えましょう。

　土は乾いたまま作業し、根をほぐして整理してから植えつけます。

　また、茎が間伸びした場合は、短めに下方で切り取って仕立て直します。

水やりは乾いたらたっぷり与え
生育しない時期は控えめに

　鉢底穴のない器に植えたときは、水を与えてから、鉢を傾けて手で押さえ、しっかりと余分な水気をきっておきます。雨が降ったときも同様に水をきりますが、できるだけ直接雨がかからない場所に置きます。

　水やりの基本は、多肉植物の場合、鉢の内部の土まで完全に乾いてからたっぷり与えることです。中の土が湿ったまま次の水やりをしないように気をつけます。割り箸や竹串を刺して内部の水分量を見るとよいでしょう。

インテリア感覚で室内に置きたいときは、できるだけ日がよく当たる出窓の前などに置くとよい。それでも数日に一度は、数時間でも外に出したい。

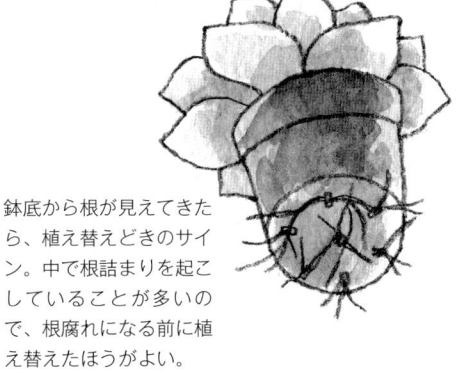

鉢底から根が見えてきたら、植え替えどきのサイン。中で根詰まりを起こしていることが多いので、根腐れになる前に植え替えたほうがよい。

徒長してしまったら、元には戻らない。やや深めに切り戻して植え替える。切った茎や葉は、挿し芽や葉挿しにし、ふやすために利用したい。

基本の土と土壌改良材

多肉植物専用培養土

用土A
中粒の軽石や硬質赤玉土や鹿沼土などを中心に配合。
大型のものや、より水はけを好むものに向く。

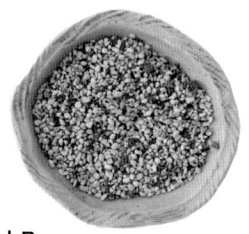

用土B
小粒の軽石を主体に、小粒の硬質鹿沼土、籾殻燻炭（もみがらくんたん）などを配合。小型のものや、根が細かいものなどに向く。

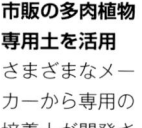

市販の多肉植物専用土を活用

さまざまなメーカーから専用の培養土が開発されて流通しているが、メーカーによって、配合されている用土が異なる。袋の注意書きをよく読み、中身が見える場合は粒の大きさや配合されている内容を確認したい。

珪酸塩白土
多孔質の粘土鉱物。土壌の通気がよくなり、植物の根により多くの酸素を供給して根腐れを防止する。用土に混ぜたり、鉢底に入れて使うとよい。

ゼオライト
結晶中に微細孔をもつアルミノ珪酸塩。保肥力、通気性、保水性の改善、肥料の流亡や濃度障害の防止と軽減、根腐れの軽減などに。鉢底に入れて使われる。

水ゴケ
洋ランをはじめ、多くの園芸植物の植えつけに。多肉植物では、ハンギングバスケットやハンギングボール、壁掛けなどの乾燥防止と根の保護を目的に使われる。

水はけと通気性がある用土が多肉植物を健やかに育てる

　乾燥した環境に適応する多肉植物の用土は、水はけと通気性がもっとも重要です。水やりしたときに、底の穴から水がすーっと抜ける状態を目安にしましょう。

　手軽なのは市販のサボテン・多肉植物用の培養土を利用することですが、早く大きく育てたい場合には、一般の草花用の培養土が向いています。ただし、ピートモスが配合されていないか、入っていても割合が少ないものを選び、使う前にふるいでよくふるって微塵を取り除きます。

　また、市販品は、粒の大きさもさまざまなので、植えつける苗が大きな場合や、水はけを好む場合は粒の大きなものを選び、根が細

IV　ジュエリープランツと友達になる

ブレンドしてみよう

市販の草花用培養土：鹿沼土：パーライト：籾殻燻炭＝6：1.5：1.5：1の割合で配合。多肉植物とその寄せ植え、球根やグラス類など他の植物との寄せ植えにも向く。

よく混ぜる
前述の割合で配合した用土をよく混ぜ、全体が均一な状態にする。

完成
ブレンドした多肉植物専用培養土。水はけ、通気性、適度な保水性と保肥力を兼ね備えている。

草花用培養土 　　籾殻燻炭 　　鹿沼土 　　パーライト

粘着剤入りで、練ったときは糸を引いてネバネバに。

多肉植物を立体的に植える

粘着成分配合で、好きなところに植えつけられる用土。水で練って使い、乾くと固まるので、多肉植物の立体的な植え込みが簡単にできる。

問い合わせ／吉坂包装株式会社
三重県鈴鹿市鈴鹿ハイツ35-17　TEL 0593-82-7962 /
FAX 0593-82-7971 E-mail：info@dream-craft.jp
http://www.dream-craft.jp/pages/tableau-nelsoll.html

ネルソル（5ℓ入り包装）

1 使う分量のネルソルをトレイに出し、少しずつ水を加える。

2 手袋をはめた手で、水と混ぜながらよく練る。

3 耳たぶくらいのやわらかさになったらできあがり。

かい苗や草花と一緒に植えたいときなどは、粒が小さな用土を選びます。

　慣れてきたら、自分で用土をブレンドして、専用の用土をつくってみましょう。このブレンドは、多肉植物だけでなく、他の植物との寄せ植えにも適します。適度な水はけ、通気性、さらに保肥力もあるので、早く健やかに育ちます。

Making Friends With Jewelry Plants

肥料の種類と与え方

中粒タイプの化成肥料。置くだけで長期間効果が持続する。

小粒タイプの化成肥料。草花との寄せ植えや、早く大きくしたいときに。

正しい肥料の与え方
鉢の縁側に少量を置き肥する。中粒タイプは汎用性があって使いやすい。

草花の1/2〜2/3の量を控えめに与える

　多肉植物は、ほとんど肥料がなくても育てることができますが、適度に肥料を与えると、より順調に生育します。

　施肥の基本は、植えつけ用土に元肥として化成肥料を少量混ぜることですが、多くの種類を狭いコンテナに植えつける寄せ植えの場合は、生育後に追肥が必要になります。

　追肥に使われるのは、水で薄めた液肥と化成肥料の置き肥で、一般的によく使われるのは中粒の置き肥です。株元から離して、鉢の縁に沿って置きます。

　標準的な施肥量は、草花の1/2〜2/3程度を目安に、控えめに与えます。肥料が多すぎると徒長して草姿が乱れます。

中粒を株元の近くにたくさん入れる
株元に近すぎると、肥料をすぐに吸収できません。また、肥料分が直接植物に触れると、肥料焼けを起こして枯れることがあります。

小粒をポット全体に入れすぎる
標準使用量よりもかなり多い量を、ポット全体が白くなるほどたくさん入れたら、肥料焼けで株が枯れることがあります。

Making Friends With Jewelry Plants

寄せ植えに使う器

アレンジメント用の器（穴なし）
底に穴がなく、主にフラワーアレンジメントで使われる器です。ブリキ製や陶製など、素材も色も楽しいものがあります。普段使いの食器などを使ってもすてきです。

陶製の鉢（鉢底穴あり）
鉢の底に穴がある園芸用の鉢です。素材も色も、大きさもさまざまで、つくりたい寄せ植えのイメージに合わせて選びます。穴には鉢底ネットを敷いて使います。

ワイヤー製のリース枠
主にハンギングバスケットやフラワーアレンジメントなどで使われるリース台です。ココヤシシートを敷いて土を留めるようになっています。中に水ゴケやネルソルなどを詰めて使います。

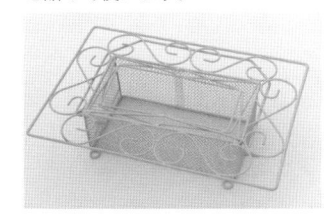

ワイヤー製の壁掛け用の枠
主にハンギングバスケットやフラワーアレンジメントなどで使われる壁掛け用の台です。ネットの目が細かいので、すぐに土が流れるわけではありませんが、中に水ゴケやネルソルなどを詰めて使います。

底穴の有無で水はけが異なり水もちによって水やりを変える

　寄せ植えに使う器は大きく分けて3つのグループに分かれます。デザインや用途によって器のタイプを決め、器のタイプに合った水やりで管理しましょう。

　鉢底に穴のある園芸用の鉢は、もっとも扱いやすく、すぐに水が抜けるので多肉植物も生育しやすいため、管理も楽です。主に屋外に置く寄せ植えに適します。

　アレンジメント用の底に穴がないタイプや普段使いの容器などは、室内に飾る場合に適します。水やりのたびに、容器を傾けて余分な水を丁寧にきります。

　ワイヤー製のハンギングバスケットなどで使われる枠は、水ゴケなどを詰めて土が流れたり、乾燥するのを防ぎます。

あると便利な道具と使い方

　身近にある道具を活用して、クラフト感覚でつくるジュエリープランツの寄せ植え。もっとも便利なのはピンセットで、作業部分が一度曲がっているタイプが、挟みやすくて使いやすいのでおすすめです。割り箸や菜箸も汎用性があり、細かい植え込みには欠かせません。

　ハサミは園芸用のステンレスタイプで、刃先の細いものが使いやすく、土入れは小さくて筒が細いものだと、細かいところまで作業しやすいので便利です。

　意外に役立つのは、柄の長いスプーンで、寄せ植えの隙間に土を足すときに活躍します。また、チューブや水差しは、日常の水やりに便利なので、どちらか一つは用意しましょう。作業台や散り除いた根と残土を入れたりするトレイは、幅が広くて適度な深さがあり、中に手を入れて使いやすい大きさが便利です。

箸

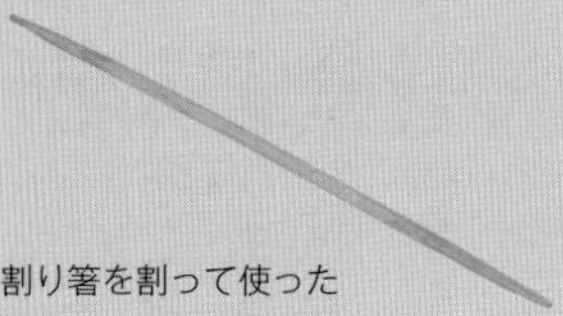

割り箸を割って使ったり、古くなった菜箸を再利用するのもよい。

容器と苗の根鉢に隙間をつくらないように、箸で突いて奥まで用土を入れる。

植え場所に穴をあけるときに、指より細い苗を植えたい場合は箸で穴をあける。

ピンセット

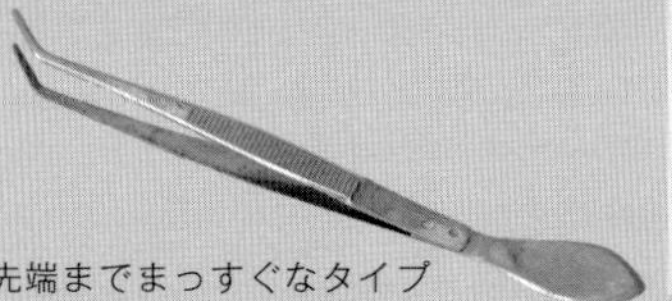

先端までまっすぐなタイプと、写真のように先端が曲がっているタイプがあり、後者のほうが苗をつかみやすく、汎用性がある。

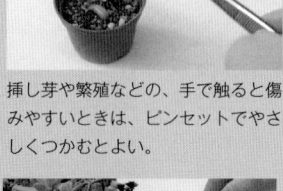

挿し芽や繁殖などの、手で触ると傷みやすいときは、ピンセットでやさしくつかむとよい。

固く回った根鉢をほぐすとき、割り箸でもよいが、ピンセットのほうが力が入りやすく、折れにくい。

苗の根をまとめて差し込むように植えるとき、曲がりを利用して、茎から根までをしっかりつかんで深く植えられる。

ココヤシファイバーなどの細い装飾資材を差し込む場合、つかみやすく、思った場所に入れられる。

小さな隙間に挿し芽の要領で植え込むとき、箸とセットで使うと小さな隙間でも植えやすい。

Ⅳ　ジュエリープランツと友達になる

作業用トレイ

テーブルや庭を汚さずに、手早く作業するためには欠かせないトレイ。残土や取り除いた根を入れたりするにも便利。

用土をブレンドしたり、専用の粘着剤入り用土に水を含ませて練ったりするのに便利。

ハサミ

根や株の整理など、汎用性のある園芸バサミ。さびにくいステンレス製で、細かいところまで切りやすい、先端の細いタイプがおすすめ。

株分けして植え込むとき、ポットから出して根をハサミで切り、植えやすい大きさにまとめる。

土入れ

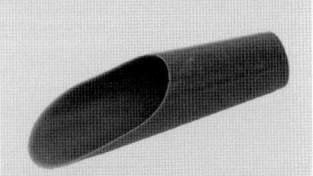

一般の寄せ植えに使うものは大きめがよいが、小さな隙間に用土を入れることが多いため、細くて小さいものを。

小さな鉢に植えつけするときに、土入れが小さいと入れやすくて便利。大きすぎるとこぼれてしまう。

水やり用チューブ

ポリプロピレンやプラスチックなどでできており、ソフトで側面を押すとチューブの先から水が出る。

寄せ植えの水やりでは、できるだけ葉に水がかからないように、根に水をやりたい。先端が細いので使いやすい。液肥を与えるにもぴったり。

水差し

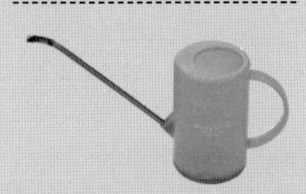

大きなジョウロでハスロがついているタイプは、全体に湿ったままになりやすい。先端が細く、ハスロがないものを選ぶ。

肥料や水やりに最適。先端をコンテナの用土に近づけ、葉や茎にかからないように水やりできる。

スプーン

カレー用などの柄が長いスプーンは、小さな隙間に用土を足すときにとても便利。思ったところに土を足せる。

小さな器に寄せ植えをつくるときも、土入れの代わりにスプーンを使うとよい。少しずつ調整できるので、入れすぎも少ない。

79

Making Friends With Jewelry Plants

ジュエリープランツの基本の植え方

　小さな穴のないシンプルな器に、ジュエリープランツを1つだけ植えてみましょう。ポットから植え替えるだけでも、ぐっと雰囲気が変わり、植え替えることで株もリフレッシュします。はじめてつくる場合は、植える苗の大きさにも寄りますが、小さな器を選ぶと、植えやすいでしょう。

　苗は、育てやすいセダムやエケベリアなどを選択し、葉の質感や色がはっきりしていて、気に入ったものを選びます。長期間美しい状態を保つには、真夏と冬を除いてできるだけ屋外で管理します。

葉色とフォルムの美しさを身近で楽しめる

用土と植えつけ

多肉植物用培養土、珪酸塩白土、残土入れ、Ecピーチプリデ1株、
器、スプーン、ピンセット、箸、土入れ

1 器の底に2cm程度、底が見えなくなるくらいに珪酸塩白土を入れる。底穴がない場合は欠かせない作業。

2 スプーンで上から多肉植物用培養土を、器の高さ1/3〜1/2ほどまで入れる。

Ⅳ　ジュエリープランツと友達になる

3 ポットから苗を静かに抜く。このとき、葉が折れたり取れたりしないようにやさしく扱う。

4 根鉢の下のほうで根が固く回っている場合はハサミで切り、ピンセットで根鉢の土をかき落とす。

5 根鉢の土がバラバラにならないように軽く押し固め、器の中に植えて培養土になじませる。

6 器と苗の間にスプーンで用土を入れ、ウォータースペースを残して入れ終わり。

7 上から株元の周囲を指でしっかり押さえ、用土と根鉢を箸で突いて隙間なくなじませる。

8 チューブで水やりして、少し経ったら、器と土を押さえて斜めに向け、溜まった余分な水をしっかりきる。完成。

Making Friends With Jewelry Plants

ジュエリープランツの寄せ植えの基礎

　2～3種類の苗でも、葉の表情の変化が楽しく、雰囲気のある寄せ植えをつくれるのがジュエリープランツの魅力です。

　はじめてつくる場合は、上向きで横に広がるタイプのセダム類と、エケベリアやアエオニウムなどのポイントになる草姿の苗を選ぶと、まとまりやすいでしょう。

　デザインの基本は、葉の小さいセダムの仲間でベースをつくり、大きめの葉のエケベリアなどでポイントをつくることです。器はメタリックなものや、シンプルな白、クリーム色などは何にでも合いやすく、意外に赤もポイントになってすてきです。

　また、セダムとエケベリアのように、同じ生育パターンをもつ種類を選ぶと長期間管理しやすいのでおすすめです。

メタリックな器でフォルムの違いを楽しむ

セダム・オーロラとエケベリア 白牡丹の形を生かした、シンプルでもおしゃれな寄せ植え。2種類だけでも、こんなにすてきな寄せ植えがつくれるのが魅力。

用土と植えつけ

多肉植物用培養土、珪酸塩白土、残土入れ、Sオーロラ1株、Ec白牡丹1株、
器、スプーン、ピンセット、箸、土入れ

1 器の底に2cm程度、底が見えなくなるくらいに珪酸塩白土を入れる。鉢底穴がない場合は欠かせない作業。

2 スプーンで上から多肉植物用培養土を、器の高さ1/3～1/2ほどまで入れる。苗の根鉢の大きさで調節する。

3 セダムをポットから静かに抜く。このとき、葉が折れたり取れたりしないようにやさしく扱う。

Ⅳ　ジュエリープランツと友達になる

4　セダムを株分けする。底から根と株を確認し、根が自然に分かれているところで1/3〜1/2に分ける。

5　株分けしたら、根鉢の土を崩し、底の固く回っている根を取り除いてから、根鉢を軽く押し固めて整える。

6　配置したい位置に苗を植え込み、上から株元の周囲を指でしっかり押さえ、用土と根鉢をなじませる。

7　エケベリアをポットから静かに抜く。このとき、葉が折れたり取れたりしないようにやさしく扱う。

8　根鉢を崩し、回っている根を取り除いてから余分な土を落とし、植えやすいように根鉢を押し固める。

9　苗を予定した位置に置き、根と用土をなじませて向きなどを整える。

10　器と根鉢の隙間には、スプーンで用土を足す。ウォータースペースを残して土を入れる。

11　箸で用土と根鉢に隙間がないように突いて土を入れ、よくなじませる。

12　残ったセダムをあいているところに植えるため、さらに1本ずつに株分けする。

13　苗の根を崩して植えやすくまとめ、下のほうにあった葉が蒸れると傷むので取り除いておく。(葉挿しできる)

14　ピンセットを使って隙間に植え、高さを調整する。沈んでいるものは引き上げてから、指で土を寄せる。

15　チューブで水やりして、少し経ったら、器と土を押さえて斜めに向け、溜まった余分な水をしっかりきる。

83

ジュエリープランツの寄せ植えの管理

寄せ植えが長もちする置き場所

日がよく当たり、風通しがよい、雨の当たらない軒下が最適の環境。

水やりはたっぷりと

リースやハンギングなどは3〜7日に1度は、全体がしっかり吸水できるように、バケツなどの水に10〜20分程度つける。

日当たりよく、風通しのよい軒下が
長期間美しさを保てる環境

きれいに完成した寄せ植えは、愛着もひとしお。できるだけ長く、美しさを保ちたいものです。庭やテラスの中でも、置く位置によって少しずつ環境が異なります。生育しやすく、管理が楽な環境をみつけておきましょう。

よく日が当たることが第一条件ですが、風通しが悪いと蒸れて傷むので、気をつけます。周囲に壁や塀などがある場合は、風が流れているか気をつけて観察し、その近くで育てている他の植物のようすを見て判断しましょう。

また、雨が直接かかる場所では、梅雨時や秋の長雨の時期には多湿になることがあります。鉢植えやリースにした場合は、その時期だけ移動するとよいでしょう。移動できなかった場合は、しばらく水やりを控えるなど、水分の調整を心がけます。

明るくて風通しのよい軒下や、庭木の下の南側や東側などが、もっとも管理しやすい環境です。

水やりは、乾いたらたっぷりと
いつも湿ったままだと弱りやすい

一般的な草花に比べて、丈夫で乾燥に強いのがジュエリープランツです。それでも完全に水切れすると枯れてしまうので、水やりは大切です。とくに寄せ植えにすると、狭い面積に多くの種類が同時に育っていくので、単独で鉢に植えたときよりも多めの水分を必要とします。

冬場の空気が乾燥する時期には、霧吹きで水をやるのもよいのですが、寄せ植えに多く使うセダム類は、乾湿のメリハリがあるほうがよく育ちます。乾いたらたっぷり水やりし、ハンギングやリースなどは定期的に水に浸して中の土や水ゴケまでしっかり吸水させるのがコツです。

寄せ植えの仕立て直し

1．セダムなどのよくふえて横に広がるタイプは、はみ出した部分を根から掘り取り、ポットに株分けを兼ねて植え替える。養生して別の寄せ植えなどに使う。

2．長く垂れ下がるタイプは、株元の葉が取れて茎がむき出しになったり、長く伸びすぎてバランスが悪くなることもある。茎だけになった部分は切り落として処分し、葉がついている部分は挿し芽の要領であいた場所に挿し直す。

3．草丈が高く伸びるタイプは、短めにカットして別のポットに挿し木する。切り口から自然に新しい芽が伸びる。

4．枯れた株は、根元からきれいに取り除き、あいた箇所に新たなポット苗を植えつける。色やバランスを考えて、植え足す苗を選ぶとよい。

徒長したら切り詰め
ふえすぎたら株分けする

　そのままの美しさを保ちたいけれど、寄せ植えにした個々の植物によって伸び方も異なるため、時間の経過とともにバランスが崩れてきます。仕立て直しやアレンジもしやすいので、適度にメンテナンスで手を加え、長く楽しみたいものです。

　生長のタイプや寄せ植えの状況によって、メンテナンスの仕方が変わります。部分的に枯れた箇所がある場合は、枯れた部分を根からしっかり取り除きます。残したままにしておくと、そこから病気や害虫にかかることがあるので注意しましょう。

　上に草丈が伸びるタイプは低い位置で切り戻し、切った箇所は挿し木の要領でポットに挿して新しい株に育てます。

　這うタイプや横にふえるタイプは、ふえすぎて盛り上がってしまった箇所を、株分けの要領で根元から抜き取り、別のポットに植えておきます。養生すればすぐに他の寄せ植えに使える苗になります。

　垂れ下がるタイプは、伸びすぎたところを切り、弱ったりしてあいた箇所に挿し芽の要領で植え足して補います。蒸れなどで葉が取れてしまった部分も取り除きます。

生育タイプで異なる夏越し
注意するポイントは？

　性質が似ているタイプを選んで寄せ植えすると、管理もとても楽です。しかし、デザイン性が高い寄せ植えをつくるためには、多少性質が異なる種類も入れたいものです。その場合は、使ったジュエリープランツのタイプを知り、とくに夏越しの仕方を把握しておくことが必要です。適切な管理で、長くきれいな寄せ植えを楽しみたいものです。

タイプ別の夏越しの注意

セダム属の多くは、葉が細かくて密に生えていても、意外に夏の蒸れにも耐えられるものが多い。ただし、淡い色の品種などは、葉焼けすることがある。

センペルビブム属は、寒さに非常に強い半面、夏の蒸れに比較的弱い。高温多湿で蒸れると、とろけるように枯れることがあるので、風通しと水はけに注意。

Making Friends With Jewelry Plants

ジュエリープランツのふやし方

葉挿しでの繁殖

いろいろな多肉植物の葉挿しをしたポット。用土の上にパラパラと置くだけで、2週間後には芽や根が出てくる。

カランコエ 月兎耳の葉挿し。株元から小さな苗ができてきた。子ウサギのようで、なんともかわいらしい。

徒長した株の挿し木と仕立て直し

アエオニウムなどの高く伸びる品種は、伸びすぎたら元には戻らない。適当な位置で切り、上は挿し木にしてふやし、下は芽出しを待って管理する。

ジュエリープランツは、繁殖も手軽にでき、草姿のタイプによって、効率のよいふやし方があります。

アエオニウムのような縦に伸びるタイプは、挿し木がおすすめです。セダムのような株が横に広がるタイプは、株分けがすぐに植えつけもできておすすめです。

時間はかかっても、個体数をふやしたい場合は、葉挿しや挿し芽がよいでしょう。

挿し芽は、挿し木の要領で、伸びた茎を切って下のほうの葉を取り除き、土に差し込みます。葉挿しは、ぽろぽろと取れた葉を、用土を入れたポットの上に置くだけで、とても簡単です。2週間後には芽が出ます。

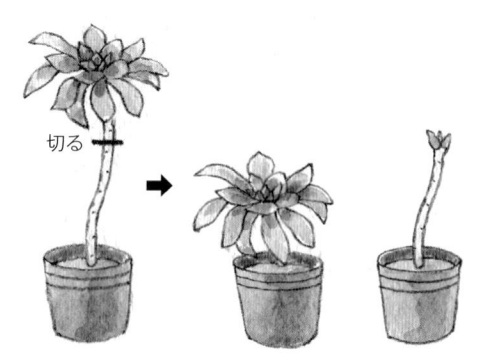

切る

横にふえるタイプの株分け

セダムやマンネングサなどの上向きで横に株がふえるものは、株分けしてふやすのが手軽で効率がよい。（セダム・ゴールデンカーペット）

1 ポットを逆さにしてから、苗を静かに抜く。

2 根の回っている根鉢の下側1/2を取り除く。

IV　ジュエリープランツと友達になる

3 ハサミで根が自然に分かれる位置で1/2くらいにハサミを入れる。

4 2つに分ける。あまり細かくは分けないほうがよい。

5 用土を入れた新たなポットに植えつける。

セダムを挿し芽でふやす

セダムやマンネングサなど、寄せ植えでたくさん使いたいものは、挿し芽でふやすと短期間で効率よく株数をふやせる。（セダム 斑入りマルバマンネングサ）

1 3号ポットに鉢底ネットを敷き、用土を入れる。

2 上から1cmほどウォータースペースを残しておく。

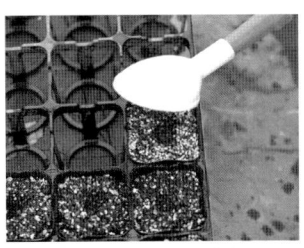

3 ポットの上から水をしっかりやる。水が下から抜けるまで待つ。

4 指で用土に深さ2cmくらいの穴をあけ、挿す場所をつくる。

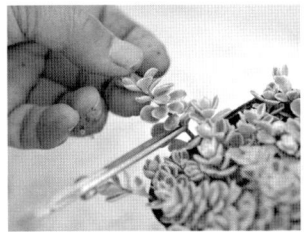

5 長く伸びている茎を、ハサミで切って挿し穂をつくる。

6 株元の葉を2〜3枚はずして、土に茎の下部が刺さりやすくする。

7 数本をまとめてもち、穴に茎の部分を2cm以上差し込む。

8 挿したまわりを指で押さえて固定し、グラグラ動かないようにする。

ジュエリープランツの病害虫対策

うどんこ病
葉の周囲などに白いカビが生え、やがて黒い斑点状になる。進行すると斑点が大きくなって患部が腐る。

ヨトウムシ
ヨトウガの幼虫はヨトウムシと呼ばれ、葉を食害して穴をあける。幼虫が小さなうちに防除する。

病害虫にはかかりにくいが
コナカイガラムシに注意

　比較的病気や害虫にもかかりにくいのですが、一度かかると駆除が難しいのがコナカイガラムシです。ロゼット状の株型の種類がかかりやすく、狭く葉の密集する中心部に寄生するため、なかなか駆除しきれないのです。早期に発見し、早めに丁寧に取り除くことが肝心です。

　ヨトウムシは葉がやわらかいタイプがかかりやすく、若齢幼虫のときに退治しないと、大きくなって旺盛に食害するようになります。

　うどんこ病や灰色かび病は、カビが原因の病気です。患部を取り除いて消毒し、水はけや風通しをよくするとよいでしょう。

　よく見られ、見苦しくなる症状としては、葉焼けと落葉があります。これらは病原菌や害虫が原因ではなく、生理障害と呼ばれるもので、強光や蒸れなどの要因によって起こるものです。適切な処置をすればすぐに回復しますので、慌てることはありません。

多肉植物の生理障害1

多くの多肉植物は、日本の夏の蒸れに弱く、株元近くの湿気が溜まりやすいところは、蒸れると葉が落ちてしまい、茎もガイコツのように醜くなる。葉の出ていないところを深く切り戻すと、下から新しい芽が伸びて再生する。先端は挿し木にするとよい。

寄せ植えに
病虫害が発生してしまったら

　寄せ植えは多くの種類が密に植えられているので、放置すると被害が広がりやすいものです。早期発見を心がけ、すぐに被害株を取り除きましょう。原因となる病害虫に適用のある薬品を散布します。

灰色かび病
葉の周囲や付け根などが白く変色する。進行すると大きく広がって、上に灰色のカビが生える。

コナカイガラムシ
ロゼット状の株型に発生しやすく、細かい白い点のようなものが株の中心近くに寄生する。放置するとどんどん周囲に広がる。

多肉植物の生理障害2

梅雨の合間の強い日差しや、夏場の直射日光に当たると、芽の先端部分などのやわらかい部分や葉の縁などがやけどと同じようになり、葉焼けする。しばらくは遮光した場所か、木陰のような半日陰に置いて管理する。焼けた部分は元に戻らないので、ハサミで切り取ると、芽がわきから伸びて復活する。

コナカイガラムシの防除

使い古しの歯ブラシなどで、できるだけ株の中心部からかき取って取り除く。ただし、周囲にまいてしまうと、再びかかってしまうので、新聞紙の上などで作業して、終わったら新聞紙ごと丸め、飛び散らないように処分する。

Making Friends With Jewelry Plants

ジュエリープランツのよい苗の選び方

コンディションのよい苗
節間が詰まっていて、葉の形が整って美しい葉色。変色がなく、病害虫にかかっていない。

コンディションの悪い苗
茎が細く、ひょろひょろと徒長して節間が長い。葉が細く、形が不安定で反り返ったりしている。

葉の色や形をよく見て
株の状態をチェックする

　葉の色は、季節によっても変化しますが、きれいに紅葉するかを確認したい場合は、3～4月、10～11月ごろに専門店か実際に苗を見て買える園芸店などで購入するとよいでしょう。

　また、置き場所によって、葉の色は変化しますので、店頭で求める場合は、いつごろ入荷したのかを確認すると目安になります。暗い店内に長期間置くと、どうしても徒長気味になり、色もさえなくなるので、できるだけ入荷してから時間の経っていないものを選びます。

　葉の色がはっきりとして形がよく、節間が詰まってがっしりして、よく分岐して葉や茎の数が多いものがよい苗です。

　地際に枯れた葉が固まっていたり、根元がぐらついているもの、病気や害虫にかかっているものは避けましょう。

株が充実した苗を選ぶ

よく育って株が充実している苗は、分岐が多く、たくさんの葉があり、節間もよく詰まっている。株分けしてふやすのもよい。すぐに寄せ植えに使える。（Otルビーネックレス）

まだ株が十分に育っていない苗は、ポットに土が目立ち、株も小さい。根の張りもまだ十分ではない。小さな寄せ植えのポイントには使えるが、もう少し育てたい。（Ec大和美尼）

Making Friends With Jewelry Plants

おすすめ園芸店とネットショップ

株式会社 河野自然園 (こうのしぜんえん)

神奈川県横浜市港北区新羽町4254
TEL：070-5587-2973
[問い合わせ] 9:00～17:00（無休）

http://www.kyukon.com/ ＊ネット通販あり

多肉植物のほかにも、球根植物や、季節の宿根草、園芸資材などを販売。
市場ではなかなか手に入りにくい珍しい球根やセダム類のラインアップは数百種類にもおよび、農園では各種園芸教室も開催している。

錦玉園
長野県小諸市南ヶ原3897
TEL：0267-25-0923
http://www.kingyokuen.jp/
＊ネット通販あり

鶴仙園
東京都豊島区駒込6-1-21
TEL：03-3917-1274
http://www.kakusenen.net/
＊ネット通販あり

紅波園
神奈川県藤沢市白旗1-16-10
TEL：0466-81-7975
http://www5f.biglobe.ne.jp/~kohaen/

アルプガーデン
長野県安曇野市穂高有明橋爪5039-1
TEL：0263-83-5000
http://www.janis.or.jp/kenren/nogyouhou/hojin/hotaka_b.html

カクタス ニシ
和歌山県和歌山市上三毛1125
TEL：073-477-1233
http://www.cactusnishi.com/
＊ネット通販・カタログあり

田辺園芸
神奈川県川崎市中原区井田中ノ町19-5
TEL：044-766-9064

八ヶ岳倶楽部
山梨県北杜市大泉町西井出8240-2594
TEL：0551-38-3395
http://www.yatsugatake-club.com/

サカタのタネ
神奈川県横浜市都筑区仲町台2-7-1
TEL：045-945-8800
HP：http://www.sakataseed.co.jp
＊直営店ガーデンセンター横浜
　（**TEL**：045-321-3744）通販　カタログ

2013年1月現在
＊「ネット通販」はネットショッピングできる業者を掲載しました。

ジュエリープランツの生育カレンダー

夏生育型の生育サイクル

	1月	2月	3月	4月	5月	6月	7月	8月	9月	10月	11月	12月
水やり	停止	控えめに	1週間に1回たっぷりと				控える		1週間に1回たっぷりと		控えめに	停止
日当たり	よく日に当てる				やや遮光する		遮光する		やや遮光する		よく日に当てる	
風通し			なるべく通風をはかる				必ず通風をよくする		なるべく通風をはかる			
肥料				薄めの液肥					薄めの液肥			
植え替え・挿し木				可能					可能			

春秋生育型の生育サイクル

	1月	2月	3月	4月	5月	6月	7月	8月	9月	10月	11月	12月
水やり	控えめに		1週間に1回たっぷりと				控える		1週間に1回たっぷりと		控えめに	
日当たり			よく日に当てる				やや遮光する		よく日に当てる			
風通し			通風をはかる				必ず通風をよくする		通風をはかる			
肥料			薄めの液肥か置き肥						薄めの液肥か置き肥			
植え替え・挿し木				可能					可能			

夏生育型の種類
（冬の休眠期は完全断水）

アガベ属
セロベギア属
ユーフォルビア属
カランコエ属
コチレドン属
アロエ属（大型種）

春秋生育型の種類
（適度な水やりが周年必要）

エケベリア属　ハオルシア属
クラッスラ属
セネシオ属　アエオニウム属
アドロミスクス属
セダム属　センペルビブム属
アロエ属
ユーフォルビア属

冬生育型の種類
（夏の休眠期は完全断水）

アナカンプセロス属
アロエ属（小型種）
ユーフォルビア属
オロスタキス属の斑入り種
セネシオ属の有毛種
センペルビブム属の有毛種

カランコエ　月兎耳
全体が白く細かい毛で覆われている。

セダム　オーロラ
丸くて長細い葉が美しい赤みを帯び、上向きにふえる。

オロスタキス　イワレンゲ富士
くっきりと葉の周囲に入る覆輪が美しい。

冬生育型の生育サイクル

	1月	2月	3月	4月	5月	6月	7月	8月	9月	10月	11月	12月
水やり	控える	1週間に1回たっぷりと		控えめに			停止		控えめに		1週間に1回たっぷりと	
日当たり		よく日に当てる				やや遮光する	遮光する		やや遮光する	よく日に当てる		
風通し			なるべく通風をはかる		必ず通風をよくする						なるべく通風をはかる	
肥料			薄めの液肥							薄めの液肥		
植え替え・挿し木										可能		

索引

(太い数字＝図鑑で項目として取り上げた種類・品種・属)

ア

アエオニウム……………………………**44**
アガボイデス（エケベリア）…………**45**
アクレ・エレガンス
　（セダム・アクレ・オーレウム）……55
アクレ・オーレウム（セダム）
　………………7・9・20・23・27・28・32・**55**
アプテニア………………………………**44**
阿房宮（コチレドン）…………………54
アリス・エバンス（セダム春萌）……57
アルブム（セダム・コーラルカーペット）……56
イワレンゲ………………………………**49**
ウスユキマンネングサ（セダム・プルプレウム）
　……………………………………………59
宇宙錦（セダム・オーロラ）…………56
エケベリア…………………………**45〜48**
乙姫（クラッスラ・クーペリー）……51
オトンナ…………………………………**61**
オノマンネングサ（セダム）…13・34・35・**55**
オブツーサ（ハオルシア）……………**63**
朧月（グラプトペタルム）…4・18・32・39・**54**
オレガナム（セダム）…………………55
オロスタキス……………………………**49**
オーロラ（セダム）
　………………3・6・12・14・26・35・40・**56**

カ

カラフトミセバヤ（ミセバヤ）………64
カランコエ………………………………**50**
金晃星（エケベリア）…………………45
銀波錦（コチレドン）…………………54
クーペリー（クラッスラ）
　………………………8・27・28・36・39・**51**
クモノスバンダイソウ（センペルビブム巻絹）…62
グラウカ（パキベリア）………………63
クラッスラ……………………………**51〜53**
グラパラリーフ（グラプトペタルム朧月）……54

グラプトセダム…………………………**54**
グラプトペタルム………………………**54**
グリーンネックレス（セネシオ）
　……6・8・9・13・19・30・35・39・40・**61**
黒法師（アエオニウム）
　……………………10・13・19・30・31・39・**44**
ケープブランコ（セダム）
　……………………………12・22・23・36・39・**56**
玄海イワレンゲ（オロスタキス）……49
コチレドン………………………………**54**
子持ちイワレンゲ（「オロスタキス）
　………………………………7・9・12・**49**
コーラルカーペット（セダム）………12・22・**56**
ゴールデンカーペット（セダム）
　……6・7・8・9・12・18・23・27・28・30・
　34・36・**56**
ゴールドモス（セダム・ゴールデンカーペット）…56

サ

サブセシリス（エケベリア）…………**45**
サブリギダ（エケベリア）…………39・**46**
サルメントーサ（クラッスラ）………38・39・**51**
紫月（オトンナ・ルビーネックレス）……61
シノクラッスラ…………………………**53**
東雲（エケベリア・アガボイデス）……45
霜の朝（パキベリア）…………………27・28・**63**
シャンハイローズ（センペルビブム）……13・**62**
十字星（クラッスラ）…………………**51**
春萌（セダム）…………………31・36・39・**57**
白雪ミセバヤ（セダム・ケープブランコ）……56
スパスリフォリウム（セダム・ケープブランコ）……56
スプリウム（セダム）…………………**58**
セダム………………………………**55〜60**
セネシオ…………………………………**61**
セロペギア………………………………**61**
扇雀（カランコエ）……………………50
センペルビブム…………………………**62**

タ

タイトゴメ（セダム）……………13・14・**57**
ダシフィルム（セダム・パープルヘイズ）
　……………………………………6・12・24・**58**

ダックモール（センペルビブム）…………… 9・62
立田鳳（シノクラッスラ天竺）……………… 53
月兎耳（カランコエ）………9・13・30・36・**50**
天竺（シノクラッスラ）………………… 26・53
トプシータービー（エケベリア）……… 13・46
ドラゴンズブラッド（セダム）
　………9・12・13・14・18・20・23・26・27・
　28・31・34・35・38・**58**
トリカラー（セダム）…6・12・23・24・32・**58**

ナ

虹の玉（セダム）……7・8・12・13・35・36・56

ハ

ハオルシア ………………………………………… 63
パキフィツム ……………………………………… 63
パキベリア ………………………………………… 63
白鳳（エケベリア）……………………………… **46**
ハートカズラ（セロペギア）
　…………………13・18・26・35・38・39・**61**
花蔓草（アプテニア）…………………………… 44
パープルヘイズ（セダム）…………………… **58**
パープルエンペラー（ムラサキベンケイソウ）… **64**
パールフォンニュルンベルグ（エケベリア）
　………………………………………… 18・19・**47**
バロンドボール（エケベリア）……………… **47**
パンクチュラータ（クラッスラ）
　…………………………………… 30・35・38・**52**
パンダプラント（カランコエ月兎耳）………… 50
ヒスパニクム（セダム・プルプレウム）……… 59
ヒダカミセバヤ（ミセバヤ）…………………… 64
ピーチプライド（エケベリア）……………… **47**
ピーチプリデ（エケベリア）………… 19・34・**47**
ピーチプリティー（エケベリア・ピーチプリデ）… 47
ビッグデジー（セダム・パープルヘイズ）…… **58**
火祭り（クラッスラ）……………………35・39・**52**
姫笹（オノマンネングサ）……………………… 55
姫宮（カランコエ扇雀）………………………… 50
フイリイワレンゲ（イワレンゲ富士）………… 49
フーケリー（パキフィツム）…………………… **63**
富士（イワレンゲ）……………………………… **49**
不死鳥（カランコエ）…………………………… 50

プラエアルツム（セダム）…………………… 9・59
プルイノーサ（クラッスラ・パンクチュラータ）… 52
プルプレウム（セダム）…8・9・14・23・39・**59**
ブロウメアナ（クラッスラ）…………………… **52**
ブロンズ姫（グラプトセダム）… 8・20・35・**54**
ペキュリアリス（クラッスラ・ブロウメアナ）… 52
紅稚児（クラッスラ）……………… 6・7・9・38・**52**
紅司（エケベリア）……………………………… **48**
ベビーサンローズ（アプテニア）……… 18・19・**44**
鳳仙（エケベリア・アガボイデス）…………… 45
ボルケンシー（クラッスラ・ボルゲンシス）… 53
ボルゲンシス（クラッスラ）………………… 39・**53**

マ

巻絹（センペルビブム）……………………… 62
マツノハマンネングサ（セダム）………… **60**
マホガニーローズ（エケベリア）……17・38・**48**
マルバマンネングサ（セダム）
　………6・8・9・10・13・14・23・24・27・
　28・31・32・35・39・40・**59**
ミセバヤ（ムラサキベンケイソウ）
　………………………………………… 8・13・34・**64**
緑の鈴（セネシオ）…………………………… **61**
ムラサキベンケイソウ ………………………… **64**
群雀（パキフィツム・フーケリー）………… 63
モーニングバード（センペルビブム）………… 62
モリムラマンネングサ（セダム）
　…………………………… 22・23・27・28・**60**

ヤ

大和美尼（エケベリア）……………………… **48**

ラ

ラセモサ（エケベリア）……………………… **48**
ラブチェーン（ハートカズラ）……………… **61**
リトルジェム（セダム）…………… 4・9・18・**60**
ルビーネックレス（オトンナ）…14・38・39・**61**
ルンヨニー（エケベリア）…………………… 46
レディーアン（ムラサキベンケイソウ）…12・**64**

ワ

若緑（クラッスラ）…………………………… 9・13・53

著者プロフィール
井上まゆ美（いのうえまゆみ）

東京都世田谷区出身。1999年より植物好きが高じて独学で各種資格を取り、ガーデニング講師となる。2003年より球根や多肉植物など、珍しい植物を取り扱うサイト『球根屋さん.com』の運営を開始。2007年横浜市港北区で植物の生産も始め、それらを使った寄せ植えの提案が雑誌・書籍に多数掲載されるとともに、各種カルチャー講座を開催し、自社農園と合わせて年間約150講座を開催。各種施設の植栽施工・管理を行う㈱河野自然園代表取締役。著書に『小さな球根で楽しむナチュラルガーデニング』家の光協会
『球根屋さん.com』
http://www.kyukon.com/

●協力者リスト
装丁………三木和彦（Ampersand works）
本文デザイン…AMI
イラスト………五嶋直美
編集協力………澤泉ブレインズオフィス（澤泉美智子）
　　　　　　　大塚美紀
写真撮影　　　講談社写真部（林 桂多、山口隆司）
写真提供………井上まゆ美、澤泉美智子

●河野自然園スタッフ
竹田薫、今村久美子、平野純子、北川仁志、濱田泉、田中れい子、飯田真理子、黒沼例子
（協力）金子齊子、内山尚美、川谷内豊

ジュエリープランツのおしゃれ寄せ植え
多肉植物の身近な楽しみ方

2013年3月11日　第1刷発行

著者　　井上まゆ美
発行者　　鈴木 哲
発行所　　株式会社 講談社
　　　　〒112-8001　東京都文京区音羽2-12-21
　　　　販売部　☎03-5395-3625
　　　　業務部　☎03-5395-3615
編集　　株式会社 講談社エディトリアル
代表　　丸木明博
　　　　〒112-0013　東京都文京区音羽1-17-18
　　　　護国寺SIAビル
　　　　☎03-5319-2171
印刷所　　日本写真印刷株式会社
製本所　　大口製本印刷株式会社

定価はカバーに表示してあります。
落丁本・乱丁本は、購入書店を明記のうえ、小社業務部宛にお送りください。
送料小社負担にてお取り替えいたします。
なお、この本の内容についてのお問い合わせは講談社エディトリアルあてにお願いいたします。
本書のコピー、スキャン、デジタル化等の無断複製は著作権法上での例外を除き禁じられています。
本書を代行業者等の第三者に依頼してスキャンやデジタル化することはたとえ個人や家庭内の利用でも著作権法違反です。

N.D.C.620　95p　21cm
©Mayumi Inoue 2013
Printed in Japan
ISBN978-4-06-218261-4